瑜伽焰口施食要集詳註

會啟瑜伽最勝緣　覺皇垂範利人天
經宣秘典超塗炭　教演真乘救倒懸

阿難尊者因習定　救苦觀音示面燃
興慈濟物真三昧　感果叨恩萬古傳

(明)蓮池大師◎補註
優婆塞演濟◎重治

一切眾生，皆依食住，若無飲食，身體饑羸，
縱有財法，奚濟身命。
蓋緣極苦眾生，而起悲濟，故先施其食也。

阿難林間習定
觀音示現面然

阿難頂禮佛足敢請救苦
世尊方便授以陀羅尼法

瑜伽燄口施食要集詳註目錄

明古杭雲棲山沙門袾宏補註
菩薩戒優婆塞演濟重治

瑜伽燄口施食要集詳註

明古杭雲棲山沙門袾宏補註

菩薩戒優婆塞演濟重治

梵語瑜伽、華言相應、謂三業同時、而不先後、共緣一境也、手結印時、口必誦咒、意必作觀、三業齊施、無有參差、始名相應、以相應故、則外無異緣、內有主宰、以有主宰故、豈非全身總是大悲王、以無異緣故、正是脫體俱成吃哩字、審如是三密、即是一心、一法遍含諸法、方能上合十方諸佛本妙覺心、與佛如來同一慈力、下合十方六道衆生、與諸衆生同一悲仰、世出世間、隨願即成、凡有所作、皆獲如意、此瑜伽大本有五部、一佛部、即佛說咒、二蓮華部、諸菩薩咒、三金剛部、金剛神咒、四寶部、諸天神咒、五羯磨部、諸鬼神咒、每部復各有五、即成二十五部、於中皆權實雙彰顯密、並談燄口者、餓鬼王名、阿難獨坐靜室、其夜三更、見一餓鬼名燄口、身體枯瘦、咽如針、口吐火燄、告阿難曰、却後三日、汝命盡將生餓鬼中、阿難恐怖、問免苦之方、便曰、汝明日為我等百千餓鬼及諸婆羅門仙人等、各施一斛食、且為我供養三寶、則汝得增壽、我得生天、阿難以白佛、佛即說陀羅尼曰、誦此陀羅尼、能使無量百千施食滿足見佛佛說救拔燄口餓鬼陀羅尼經、唐不空三藏譯、燄口又名面然、施食者、梵語檀那、此云布施、居六度首、為萬行先、有財法無畏三種之別、題雖獨標施食、而文則兼有有情經云、一切衆生、皆依食住、若無飲食、身體飢羸、縱有財法、奚濟身命、蓋緣極苦衆生、而起悲濟、故先施其食也、然食又有四種、所謂段觸思識、是也、食者、有資益之義、任持之義、謂此四食能持有色根身、令不斷壞、故名爲食、段謂分段、以香味觸三法爲體、變壞爲相、惟欲界有、乃人天食也、觸者、乃六識相應之心所、若觸可意之境、攝受喜悅、諸根和順、心便怡暢、能爲食事、有資益義、即鬼神食也、思者、意地有漏思與欲俱轉、希望勝妙之境、資益身命、於中綿想不斷、如望梅止渴、懸餅充飢等、有資益義、即禪天食也、識食者、即阿賴耶識、一類相續、執持有色根身、令不壞爛、有任持意、此則一切衆生、平等共有、不擇凡聖也、約事而言、即前三食、約理而言、即後一食、何也、謂藏識具本覺不覺二義、以此識之、則施者訓爲開發之義、謂開發衆生本有覺之覺性、俾其轉識而成智也、今要集者、乃聚集此施食之中、至精至奧之要義也、此乃善本之題目、何謂題、題者、題頭、挈其綱領也、目者、名目、列其條序也、如人之有頭、則四肢無不具焉、似人目之有名目、則六根莫不該焉、有此妙義、故名之曰題目、

上篇　敬供分

昇座第一

啓會偈

問訊戴帽執如意尺云

會啓瑜伽最勝緣　覺皇垂範利人天
經宣秘典超塗炭　教演眞乘救倒懸
阿難尊者因習定　救苦觀音示面然
興慈濟物眞三昧　感果叨恩萬古傳

瑜伽義見前、最勝緣者謂利濟曠大故、覺皇謂佛於覺得自在故、塗炭者謂有情之困苦、如在泥塗炭火之中、而以此一乘經典眞言之功、得使有情超脫苦難也、眞實之教法名爲眞乘、此經演暢眞實之理、故能使鬼趣解脫出苦、人死爲鬼、沈於闇道、有若倒懸也、阿難等二句敘教起因緣、如前所述、興慈濟物眞三昧者、讚阿難尊者、由三昧力、得見面然、後問佛說經、流通後世、利益有情、三昧此云正受、亦云等持、正受所觀名云正受、平等持心、名曰等持也、感果叨恩萬古傳者、讚此經法、感果謂阿難增壽命、叨恩謂諸餓鬼得離苦生天、叨者忝也、濫也、謂不得期而獲也、

啓會讚

吉祥會啓．甘露門開．孤魂佛子降臨來．聞法赴香齋．永脫輪

迴、幽暗一時開.

吉祥者、嘉慶之義、會者集聚之義、謂闡濟生須集聖凡聚一處故、既集衆已、當給所須、輙示甘露、如天甘露、人若食之、即獲長生、以譬法食、所謂法食、乃能令人速證無生、非同搏食益分段、故而云食門者、即別舉中拈香登座祝水等法、依如是行、故云門開、孤魂佛子降臨來者、始言集聚、泛舉十界、今則的迹受益之衆、謂餓鬼趣、能紹繼佛種、不令斷絕、故云佛子、以一切衆生皆得佛性故、雖然、當知言偏意圓、不可泥文而壞於義、但准緣起示爲餓鬼、聳發教源、故爾言偏、若據義意、既已無遮、豈局一界、而得博施濟衆名耶、大率餓鬼苦劇、饑虛有勝餘界、救須急、故第濟彼苦、唯令飽滿、故云聞法及赴香齋、不但盡生、要使當下永脫輪迴、所謂拔茅連茹者也、幽暗謂之塗、三塗苦息、即是開明也、

雲來集菩薩摩訶薩 三稱三問訊末加海會二字想法界聖凡海衆雲集而來

拈香文

登臺拈香、如世尊將成道時、以牧牛女所付拘留孫佛之爐、執爐燃香、繞壇繞樹、合三十二帀、於是十方諸佛、普皆雲集、各手授香、親付世尊、熱此香時、十方衆生、一切天人、皆得生信悟道、然後方登金剛寶座、成無上道、故佛凡說

法時、必先執然香、蓋古佛說法之儀式也、又香以表信、爲義、佛法大海、唯信能入、華嚴云、信爲道源功德母、長養一切諸善根、又譬如水清珠、能清濁水、水清月自現、心信佛出興、是知欲達諸聖、先具正信、信無形相、藉香表之、香烟遍處、信心必通、以心感佛、何佛而不應也、

此一瓣香（左手執爐右手拈香）

乃克指法體而言也、夫吾人法性、量充沙界、體含萬有、湛若澄清之海、香騰薝蔔之林、明逾日月、德等太虛、舒之能遍於法界、卷之可納於微塵、爲萬象之根源、作天地之玄祖、歷千劫而不古、卓然而獨存者、其唯自性歟、或於一塵之內、而現全身、五眼莫能覩其形、或於六根之門、而耀威光、四瓣莫能談其狀、聞之則穿過髑髏、頓枯識海、觸之則冲破頂額、豁開正眼者、其唯心香歟、故知此香、人人本具、個個不無、但自一念回光、身心一如、有何欠虧、信者垂手而得、然之、普天遍聞、不待僧祇熏修、清氣本自天然、十方佛土、唯此爲最、三藏教海、誰不推尊、法華云、唯此一事實、餘二則非眞、方是此一瓣香之意、是知此一者、乃當得名、包含爲義、香者、謂法體上、無有妄染雜穢之氣、純一無漏功德之香、又能流出無盡數海、熏諸衆生、若有聞法者、無一不成佛、故衆香世界、唯以香塵而作佛事、聞其香者、皆得法忍、又是五分法身之香、從戒定等所熏成故、故曰香也、

不從天降。豈屬地生。

凡世間者、未有不從地產雨露陽和而滋長者、今日不從天降地生者、何也、蓋吾人心香、天不能蓋、地不能載、尙非因之而生、豈待栽培而後成者耶、假饒無功用行、皆是妄興勞慮、殊不知法法現成、信手拈來、無所不是、又何必三條椽下、七尺單前、晝三夜三、廢寢忘飡、乃至六度萬行、塵沙法門、然後方爲究竟也、故先哲云、吾覓得無陰陽地一片、種得一株無根樹子、日照無影、風吹不動、運金斧以難入、經封火以愈芳、開無聲無臭之花、結非青非黃之果、不煩攀枝扯葉、已在諸人胸中已、

兩儀未判之先。根源充塞三界。

空劫已前、威音那畔、則心境未彰、染淨圓融、而本體虛玄、性絶邊表、無形之形、形充法界、非寂而寂、寂照含虛、豎則窮於三際、橫則遍該十方、豈唯充塞三界、抑且刹海無遺、故經云、若人欲識眞空理、心內眞如還遍外、情與無情總一體、處處皆同眞法界、傳大士云、有物先天地、無形本寂寥、能爲萬象主、不逐四時凋、旨在斯乎、

一炁纔分之後。枝葉遍滿十方。

混沌一炁、即太極所謂道生一者也、太極分兩儀、即一炁分爲陰陽、輕淸爲天、重濁爲地、所謂一生二者也、約小乘

上說、一炁者即光音金藏雲、陰陽者、即所兩之兩、清者先成天宮、濁者次成洲海、良以竺墳未至儒老權說、設義未究究竟、故不繫釋從陰陽化育、人及萬物、即二生三、三生萬物者也、是知外教以一炁為根本、人及萬物為枝末、在內教約理說、即第八識、王所末分、心境未彰、故云一炁也、謂依如來藏、有生滅心、不生滅與生滅和合、非一非異、而成河賴耶識、內有此識、外有空界所謂晦昧為空者、故知一炁是彼識體、不了本空轉成能見能現、於是緣有根身器界之分、陰陽化育之象、故楞嚴云內之根身、外暨山河、虛空大地、咸是妙明眞心中物、如是則一心是根源、萬物為枝末矣、故肇法師云、天地與我同根、萬物與我同體稱理起事、事復何窮依鏡現形、形寧有盡、此四句正是宗門意旨、封外今時、打成一片、偏正回互、賓主歷然之旨、

超日月之光華

金光明經云、日月雖明、不能透覆盆、但照四天下而已、若心智之光、上窮有頂之天、下徹無間之地、普照法界、煥若掌珠、如理智徧照眞如門中無漏性德、如量智徧照生滅門中染淨事品、故經云圓明了知、不因心念、明不循根、寄根明發、一切暗相、永不能昏、祖師云、靈光獨耀、逈脫根塵、不同虛空、性自神解、故曰超日月之光華也、

奪山川之秀麗

山川雖秉造化精英、而秀麗可觀者、乃確乎不變之定法、夫吾人心香能轉變自在、卷舒無礙、殊形異狀、幽顯莫測、或於一毛端頭現無邊刹海、或假輕烟內示華藏莊嚴、乃至雲臺寶網、悉為心感、鬱密生間、豈外性德、又一切山川、以正眼觀來、猶如空華、亂起亂滅、無如此心真實、不常不斷、以理形事、故曰奪山川之秀麗、如寶藏云、其為也、形、其寂也冥、本淨非瑩、法爾天真、光超日月、德越太清、萬物無作、一切無名、轉變天地、自在縱橫、恒沙而用、混沌而成、誰聞不喜、孰見不驚、如何以無價之寶、隱於陰入之坑、即其義也、

即戒即定即慧

本性無染即戒、無亂即定、無痴即慧、三學圓明、一心自淨、二諦渾融、萬德頓彰、

非木非火非烟

明心香本無生也、如楞嚴云、此香若生於木、則此香質因爇成烟、若鼻得聞、合蒙烟氣、其烟騰空、未及遙遠、室羅筏城、四十里內、云何已聞、是知不生於木與烟矣、若生於火、何籍爐中爇此枯木、則一切火皆是香氣、是知不生於火矣、既不生於木火烟、又豈復生於空耶、若生於空、空既常在、香應常聞、空既無香、則知不生於空矣、四皆非香生因、則當體性空、性空即諸法實性、實性則無生矣、無生之香、方為法身功德之香也、

收來在一微塵（以所拈香擲下）

德山云、百千法門無量妙義、吾向一毫頭上、識得根源者也、

散處普熏法界

放之則彌六合、卷之則退藏於密、昔西域異見王問波羅提尊者曰、佛性在何處、答曰、佛性在作用處、曰當作用時、其處有幾、曰當作用、其處有八、在胎名身、出胎名人、在眼曰見、在耳曰聞、在鼻嗅香、在舌談論、在手執捉、在足奔運、徧現俱該沙界、收攝只在一塵、識者喚作佛性、不識喚作精魂也、

爇向爐中專伸供養．常住三寶．刹海萬靈．歷代祖師．（侍右將香接插爐中）

一切聖衆．（問訊）河沙品類．幽顯聖凡．悉仗眞香．普同供養．（行腔）

鼎有三足、表法身般若解脫三德、祕藏、謂此心香安住於三德祕藏之中、而成妙香密圓最上之法供也、常住三寶者、即一心也、是心清淨、名佛、光明名法、淨光和合、處處無礙名僧、昔本不生、今亦不滅、名爲常住、而日供養、即因心與果覺冥契也、所謂諸佛法身、入我性、我性同共如來合也、刹者最廣、海者最深、刹海旣無邊量、聖賢寧有窮盡、歷代祖師、幽顯靈祇、莫不承此眞香、而普同供養、夫如是方名眞法供養、虛空有盡、此香無涯也、

香雲蓋菩薩摩訶薩 三稱三問訊想此香烟結篆徧滿虛空中成種種供養雲

次皈敬請加、人天見佛先讚後皈、將興勝妙利益、必先皈敬三寶、懇求加被、如清涼國師云、皈讚者有六義、一荷恩德、二請加護、三令生信、四爲儀軌、五表尊勝、六顯益物、有此六義、故先擧偈云、

讚佛偈

佛面猶如淨滿月　亦如千日放光明
圓光普照於十方　慈悲喜捨皆具足

佛面圓滿、皎潔、猶如清淨滿月、並無纖毫不備之相、非但如月之圓、亦如千日之光、以月面放光、輝煌赫奕、無可爲喻、故以千日同時放光而比之也、又項佩圓光、普照十方、設使一處不週、不得謂之圓光、必如是塵剎普遍、容光必照、無放無收、方名圓光、千尋也、面光圓光、既然如是、則通身之光、又不思議可知矣、是知如來之身、當體即法身大光明藏也、慈悲喜捨者、乃佛之四無量心、利他之功德也、如淨名經云、文殊問曰、何爲慈、淨名曰、爲諸衆生說寂滅法、是眞實慈、何爲悲、所作功德與衆生共、何爲喜、曰有所饒益、歡喜無悔、何爲捨、曰所作福祐、無所希望、依偈意顯佛非唯具六度、七覺、八正、十力十四無畏十八不共自受用法等、而慈悲喜捨利他之功德、皆悉具足矣、前三句讚

佛相好、後一句讚佛功德、然佛之相好功德、無量無邊、縱我窮劫音聲聯續、曷能讚其萬一哉、如華嚴經云、刹塵心念可數知、大海中水可飲盡、虛空可量風可繫、無能盡說佛功德、

南無盡虛空徧法界過現未來佛法僧三寶

梵語南無、此云皈命、皈者、依投趣向義、命者、總御諸根、一身之要、人之所係、莫不爲先、舉此無二之命、以奉無上之尊、表敬之至也、又歸者、返本還源義、謂衆生背覺合塵、從一心而起六根、流轉生死、今總攝諸根、還歸一心、令清淨光明、而成自性三寶也、三寶有同體別相住持之殊、同體者、法界爲體、覺照即佛義、軌持即法義、和合即僧義、別相者、法報化三身名佛、教理行果名法、五果四向十地三賢名僧、住持者、離刻塑畫名佛、黃卷赤牘名法、圓頂方袍名僧、而今獨皈盡空徧界者、何、正顯所歸之佛、無窮無盡、而我能歸之心、亦無量無邊矣、

登寶座菩薩摩訶薩 三稱禮畢就座、而坐、皈命盡虛空界三世三寶、既皈命已、應想三寶聖衆集吉祥雲徧滿空界

入定第二

加持寶冠偈

持冠平眉

五方五佛大威神　結界降魔遍刹塵

今宵毘盧冠上現　一瞻一禮總歸眞　將冠展開放下

既登寶位、加持寶冠、三昧經云、冠以顯明指歸、故以二無名指內又掌中、二大指、中指、小指直豎、二頭指按二中指、第一節形如蓮華、結印想印安於頂上、舉準提咒、如是以佛莊嚴而自莊嚴、想自身紹灌頂位、戴五佛冠、五方如來、以智水灌其頂、令我身心堅固、神通廣大、威德智慧、辯才無礙、以利群生也、五佛者、均遮那佛所現、謂遮那如來內心證自受用、已成於五智、一大圓鏡智、流出東方阿閦如來、執金剛杵、二平等性智、流出南方寶生如來、執摩尼珠、三妙觀察智、流出西方彌陀如來、執妙蓮花、四成所作智、流出北方成就如來、手輪相交、五法界清淨智、即中央毘盧遮那如來、手千輻輪、五佛各有四菩薩、阿閦佛四菩薩者、一金剛薩埵菩薩、二金剛王菩薩、三金剛愛菩薩、四金剛善哉菩薩、寶生佛四菩薩者、一金剛寶菩薩、二金剛威光菩薩、三金剛幢菩薩、四金剛眷菩薩、彌陀佛四菩薩者、一金剛法菩薩、二金剛劍菩薩、三金剛因菩薩、四金剛利菩薩、成就佛四菩薩者、一金剛業菩薩、二金剛語菩薩、三金剛藥叉菩薩、四金剛拳菩薩、毘盧佛四菩薩者、一金剛波羅密菩薩、二金剛寶波羅密菩薩、三金剛法波羅密菩薩、四金剛羯波羅密菩薩、五方五佛各四菩薩、共二十五、連四攝八供、四攝者、一金剛勾菩薩、二金剛索菩薩、三金剛鎖菩薩、四金剛鈴菩薩、八供者、金剛花菩薩、金剛香菩薩、金剛燈菩薩、金剛塗菩薩、金剛果菩薩、金剛樂菩薩、金剛歌菩薩、金剛舞菩薩、共三十七位、皆本師遮那如來一智用流出、不離一眞之境、化儀百變、縱分億數之身、千江一月、所以頂此冠者、意顯帶果行因、圓彰法界、無盡之體耳、

準提讚

稽首歸依蘇悉帝 以戒指於五佛冠上書五吽字　禮面頂禮七俱胝 合掌周匝戴冠

我今稱讚大準提　惟願慈悲垂加護

此龍樹菩薩開咒偈也、初句皈依法寶、二句皈佛寶、三句皈僧寶、四句願求加護、梵語蘇悉地、此云善圓成、謂善能圓滿一切願心、善能成就一切事理也、頭面頂是能禮之人、七俱胝是所禮之佛、梵語俱胝、此云百億、謂準提佛母、與七百億佛圍繞也、梵語準提、或云尊那、或云尊彌、翻施為、謂弘誓住理、大智斷惑、具諸因行施為故、又翻成就、謂從空出假、成就寂滅故、皈依惟願即意業、頭面頂即身業、稱讚即口業、若誦咒者、三業相應、一心瑩淨、而我智願與聖之智願相應、則準提慈悲心全攝自身自心、故曰垂加護、母者法為諸佛所師、實智為母、權智為父、可見七俱胝佛皆以準提三昧而證菩提、一切衆生亦當持之、據準提經、如來在祇園為四衆八部圍繞、世尊愍念末法薄福惡

業衆生、入準提三摩地、說過去七俱胝佛所說陀羅尼、佛言、持此咒、滿九十萬遍、能滅十惡五逆四重諸罪、乃至俗家不揀淨穢、但志心誦、即增福壽、消諸災病、誦滿四十九日、菩薩令二聖常隨其人、或求智慧、或拒諸難、或求神通、或求無上菩提、但依法立壇、誦滿一百萬遍、便得往諸十方淨土、歷事諸佛、普聞妙法、得證菩提、

準提咒

南無颯哆喃三藐三菩提俱胝喃怛姪他唵折戾主戾準提娑婆訶

迎佛文

想自身即毘盧即自身總成一大光明藏起立執毘盧口和心想恭迎如來入壇

毘盧如來 拈香

毘盧如來 衆和

大光明藏 問訊放爐趺坐

毘盧者、即毘盧遮那之略、法、自佛之通稱、此云光明遍照、又云、大日、慧苑音義上云、毘通也、盧遮那光明也、大日經云如世間之日能除一切暗冥、而生長一切萬物、成一切衆生事業、今法身如來亦復如是、故以爲喻也、大光明藏者、讚其智照也、

五方結界

於光明藏中現梵書吽字、安置五方而成所結之界、蓋吽字乃萬法所從出、五方界內諸

佛諸法所由來也、

吽吽唵嘛呢吽

讚佛偈

天上天下無如佛唵嘛呢吽　十方世界唵啞吽　亦無比吽吽唵嘛呢吽

世間所有我盡見唵嘛呢吽　一切無有唵啞吽　如佛者吽吽唵嘛呢吽

禮佛偈

東方世界阿閦佛唵嘛呢吽　其身青色唵啞吽　放光明吽吽唵嘛呢吽

手印執持金剛杵唵嘛呢吽　衆等志心唵啞吽　稱讚禮吽吽唵嘛呢吽

南方世界寶生佛唵嘛呢吽　其身赤色唵啞吽　放光明吽吽唵嘛呢吽

手印執持摩尼寶唵嘛呢吽　衆等志心唵啞吽　稱讚禮吽吽唵嘛呢吽

西方世界彌陀佛唵嘛呢吽　其身白色唵啞吽　放光明吽吽唵嘛呢吽

手印執持妙蓮光唵嘛呢吽　衆等志心唵啞吽　稱讚禮吽吽唵嘛呢吽

北方世界成就佛唵嘛呢吽其身黑色唵啞吽放光明吽吽唵嘛呢吽
手印執持輪相交唵嘛呢吽眾等志心唵啞吽稱讚禮吽吽唵嘛呢吽
中央世界毘盧佛唵嘛呢吽其身黃色唵啞吽放光明吽吽唵嘛呢吽
手印執持千輻輪唵嘛呢吽眾等志心唵啞吽稱讚禮吽吽唵嘛呢吽

雖然結有方向、而界無涯畔、須想盡虛空遍法界總一化境、斷不可以五佛為限、五色為定也、仁王觀智儀五種標幟為壇、一輪、二杵、三寶、四劍、五鈴標幟之下、先書梵字、中央白色鑁字、前方赤色岩字、右方黃色藍字、後方綠色覽字、左方黑色唵字、輪安鑁字、上杵安岩字、上寶安藍字、上劍安覽字、上鈴安唵字、上輪表法界清淨智、杵表大圓鏡智、寶表平等性智、劍表妙觀察智、鈴表成所作智、又法界智、即毘盧如來、鏡智即阿閦如來、等智即寶生如來、察智即彌陀如來、作智即成就如來、又毘盧如來出生轉法輪菩薩、阿閦如來出生普賢菩薩、寶生如來出生虛空藏菩薩、彌陀如來出生文殊菩薩、成就如來出生藥又菩薩、但眞言密壇各有出儀、不得隨意互用、反致譴咎、今略引之、要使行人明識五種表佛五智、為一切眞言觀想之根而已、今茲結界、但就本文五方五色、藉吽字力用、各放本光、想五方五佛手印執持法器而已、

六供養咒

戶唵引生薩哩斡一切怛他阿誐多如來布思必花度必香啞嚕吉燈干的塗你尾的食捨不答樂布拶供養銘葛雲薩謨的囉海斯發囉納普結供養三麻啞吽正心奉獻三昧

寶曇華菩薩摩訶薩三稱想前彈指聲中雨諸香花等供養雲奉獻五方如來

灑淨第三

啓請文

伏以登瑜伽顯密之座。六度齊修。

瑜伽顯密、所謂華梵雙賚者也、亦彰不可思議境故、如日印呪、觀想相應、又文中擧六度齊修、正顯種種莫不秘密、一一無非不思議矣、但如是境應如是觀、故知登座誠顯境一觀一皆一致也、云何六度能齊修者、謂因觀不思議境故、不著諸緣、布施度也、不犯前塵、持戒度也、被觸不瞋、忍辱度也、念念在茲、精進度也、內心恒一、禪定度也、境觀不二、遮照同時、般若度也、故慈氏云、檀義攝于六、資生無畏法、此中一二三、名為修行住、開濟物利生之門．三檀等施．

開對閉言、昔未秉教、義則同閉、茲正闡揚、故目爲開、濟者度也、又云拔也、利者益也、益彼須也、又云門者、利濟方所、出入我法、兼自他也、開物成務、必先拔度、後乃與樂、方堪進行、故云開濟利生之門、此乃施者幷所施法、若示受者、平等無遮、故須三檀等施者也、三檀者財施法施無畏施也、等字之義從無遮也、

一心湛寂．全身總是大悲王．三業應兮．脫體俱成訖哩二合字．

此承上文門字意來、初二句顯正因性也、次二句示緣了修也、所謂三因、非唯觀音、即自諸佛下至阿鼻、壹是皆以修性爲本、此乃正示同一體性而無殊、故蓋由行人於心湛寂三業應兮、靡不全體即大悲王訖哩字也、況他生佛尙與心同、己心生佛寧與心異、故曰全身脫體耳、夫一心者、指出現前剎那心也、湛者如水之澄湛也、寂者閴然之寂默也、一心無妄則意相應、口無四過、唯持秘呪、如水澄湛口自相應、兩手結印、如法寂默、身即相應、文成聯偶、一往似分、其實修性本來不二、奚分之有、若梵音重以二字讀方叶彼音、謂之二合、

果然如是．則是因是果．不出自心．自利利他．豈關餘物．

既前所陳施本顯自、受即屬他、一心三業、此約因行、大悲訖哩、唯示果德、故云果然、果然如是猶言決是以此者也、

須當了知因果自他四事爲行、不至該己心、既曰唯心、心外無法、安涉殊途、故今乃云不出自心、豈關餘物、

化滴水作長河之酥酪。變微食爲大地之斛食。

准緣由中佛告阿難、汝能作此陀羅尼法、加持七遍、能令一食變成種種甘露飲食、乃至後云、此食此水量同法界、聖諭須宣、乃食乃水、特因餓鬼餓火交然、應病隨宜爲對、治故、而今雖曰化滴水作長河酥酪、變微食爲大地斛食、大概形容甚多而已、若據佛言量同法界、則作長河爲大、地者、豈能盡其涯際者乎、況世尊告阿難、尚云若能加持、則能令化、雖今亦言化水變食、當知變化詎比尋常輕易、放過、細觀能字、婆心吐露、示誨唯心、方堪行法、不然、枉費勞苦、何益、

於倏忽際普濟大地之餓虛。在頃刻間利益河沙之鬼趣。

倏忽頃刻、皆明時速、普濟利益、並顯功能、大地餓虛約束依正、盡諸有故、河沙鬼趣、直明鬼類、亦自衆多、但彈指間、速能普濟、猶如大風靡所不吹、是曰普濟大地餓虛、既能徧令其餓虛者、悉皆飽滿、便是利益諸鬼者矣、但今明多雖約河沙、廣舉大地、皆有限也、若准緣由、乃曰即能充足百千俱胝那由他恒河沙數一切餓鬼、婆羅門仙、異類鬼神上妙飲食、皆得飽滿、如是等衆、一一皆得摩伽陀國所用之斛、此飲食此水量同法界、食之無盡、皆獲聖果、解脫苦

身、此總結成拔世間苦與出世樂、受者無限、謂泒一數以爲一類、盡若干數成若干類、濟若干食受若干益、然雖如是終成有限、必須食水量同法界而能令脫世間苦縛、速超聖地、則使三輪悉歸無限、纔稱普濟、則博濟者堯舜尙謙、非行大哀其孰能之、

若也如斯會得．須當普利羣機．

謂初既以三輪行施、次約唯心直開圓解、俾令曉了因果自他之所由生、今復詰醒、謂若契會方暇化他、夫要利生代佛揚化、若非達本、行解相應、詎敢爲之、是故須了施受既空、空即無遮普到施到、

其或未然．不免重宣妙偈．所謂道．

謂既長行諄諄開解、利者默契、恐鈍不前、故爾文云、其或未然、況惑厚薄、根分利鈍、解乃遲速、上根預薦以在言前、中在言表、下根極鈍不妨重拈故須說偈、

塵塵剎剎盡圓融　萬别千差一貫通

拈起珊瑚枝上月　光明烱烱照無窮

〔加持手印〕加持十度、施戒忍進禪慧方願力智、誦眞言、時二羽舒展似運轉、蓮花狀以表加持、仗咒

力用成清淨手、而作佛事、誦咒畢、收印嗚指、

唵斡資囉金剛阿薩捺手吽

伏魔印 結觀音禪定印、六度外相叉力智進禪、四度頭直竪結印、當胸想印出火光遣外境界魔、誦咒畢、收印嗚指、

唵斡資囉金剛拏恰啞劍輪吽摧遣

請觀音偈 偈讚觀音求請出定加持甘露八功德水主白

二掌仰舒右壓左

智慧宏深大辯才　端居波上絕塵埃

祥光爍破千生病　甘露能除萬劫災

翠柳拂開金世界　紅蓮誦出玉樓臺

我今稱讚無窮盡　願向人間應現來 起立

執爐恭迎

觀世音菩薩 拈香　觀世音菩薩 衆和　甘露門開 問訊

請求出定、加特法水之故也、一稱其名、解脫諸苦、大悲經云、此菩薩不可思議威神之力、已於過去無量劫中作佛、

號曰正法明如來、大悲願力、安樂衆生、現爲菩薩、未來成佛、號曰普光功德山王如來、梵語阿耶菩吉底薩輪、此云觀世音、觀音、能觀之智、指應而言、世音、是所觀之境、對機而說、智能照窮正性、察其本末、機則萬象流動、隔別不同、類音殊唱、被智一觀、俱時離苦、正如普門品云、若有衆生、稱念我名、即時觀其音聲、皆得解脫、梵語菩提薩埵、華言覺有情、已覺斯道、而覺斯民之稱也、

淨水偈　放爐趺坐侍者收所供淨瓶乳海移於師前主尺云

海震潮音說普門　九蓮華裏現童真

楊枝一滴真甘露　散作山河大地春

灑淨文　左手方願居二節慧力智直竪持淨瓶右手禪度打施戒二度忍進二度扶緣

夫此水者八功德水

安養國有七寶池、水皆七寶中之所流出、言八功德者、一澄清、謂澄渟潔淨、離染污故、二清涼、謂明湛涼冷、無煩熱故、三甘美、謂甘和美妙、其至味故、四輕軟、謂輕揚柔軟、可上下故、五潤澤、謂津潤滑澤、不枯澁故、六安和、謂安靜和緩、絕迅汎故、七除飢渴、謂水僅止渴、今兼療飢、有勝力故、八長養、長養諸根、增長養育、身心內外故、謂此瓶內之水、即如

西方寶池內性功德水也、如牧牛女付瓶與世尊云、此瓶內具足八功德水、飲之能除飢渴、煩惱亦消、不久當成無上菩提、為人天說法也。

自天真先洗衆生業垢塵。徧入毘盧華藏界。戒指入瓶取水個中無處不超淪。

天真者、本來自性、即天真也、業即善惡無記三業、垢即煩惱障、玷汚法性故、塵即所知障、蔽智眼故、衆生具此三業二障、一則令自性不得清淨、生死不得解脫、二令法水觸途成滯、今則先洗而淨之、則無復留礙、然後推廣其心、運此法水、週徧滚入華藏世界、與香水海性合、真空普沾情器、當體清淨、業累既遣、內外渾真、此真個之中、何處更有衆生而不超於淪溺乎、上明水體妙合天真、下明返巳恢其玄奧、

水不洗水。妙契法身。

經云、性空真水、性水真空、清淨本然、週徧法界、既云週徧、則大地皆水也、塵自何立、水既無塵、用洗奚為、豈有水復洗水之理哉、如刀不自割、火不自燃、水不自洗、真可謂微妙絕待、法身極則之理、不假修證也、

取水出瓶塵不染塵。返貧自已對自胸膛

古德云、盡道水能洗垢、焉知水亦是垢、如病瘥藥除、藥存病在、故說水亦是塵、水雖同塵、終不染於業垢之塵、亦可將彼塵垢返資吾之自己、以諸塵性同一緣起、當體性空、以空合空、以水投水、何有自他之分、所以云、會萬物爲己者、其惟聖人歟。

再取水蠲除器界蕩滌壇場向壇前彈

上出水體、下彰水用、謂此水而蠲器界滌壇場、則自然氛消八面、霧歛長空、殊勝清淨也、

灑枯木以再逢春潔穢於左肩向後彈邦而成淨土仰掌向下彈

謂此水有起死回生之功、翻穢成淨之能、洒於枯木、遂使枯幹重榮、寒岩花笑、潔於穢邦、當下即成清淨寶莊嚴土、令諸衆生、步步踏金界之域、念念聞薝蔔之香、非唯如此而已、兼有無量妙義、不可勝紀、向下總收而結之也、

所謂道。內外中間無濁穢。聖凡幽顯總清涼。

內之根身、外之器界、中之識心、皆無濁穢、四聖六凡總得清涼、無復餘累矣、

大悲咒

教有眞言謹當持誦衆念大悲咒一徧左手持瓶右手扶緣口誦咒心存觀想大士眉間放光入此

水中以彰聖用
復藉咒力、加持此水、令其頓同菩薩柳頭甘露法水、成就勝妙殊勳也、理事圓融、顯密齊暢、正所謂快舸順風之勢、
更加櫓棹之功、則疾屆寶城、速登彼岸、信手拈來、無不是已、并誦此咒、不獨爲水、更有無量妙義、多端勝益、如大悲
經云、爾時觀世音菩薩、白佛言、世尊、若諸衆生、誦持大悲神咒、墮三惡道者、不生諸佛國者、不得無量三昧辯才者、
我誓不成正覺、誦持大悲神咒、於現在生中、一切所求、若不果遂者、不得爲大悲心陀羅尼也、即於佛前、現千手眼、
而說是咒、由此證之、故知不獨爲水耳、又金光明云、十地菩薩、尚以咒護持、何況凡夫、首楞嚴云、若不持咒而坐道
場、遠諸魔事、無有是處、凡陀羅尼、或一字多字、皆是佛菩薩、自覺聖智、所證法界妙心、字字皆從無相國流出、所以
辭句、惟佛與佛、乃能究盡、只宜誦經持咒、供養則生福發慧、斷障除惑、凡所希求、必獲如意、不可妄自臆度、裁量聖
心、小乘極果、尚不知大乘初心、況於如來秘藏乎、又咒乃是諸佛菩薩名號、稱其名者、必爲諸佛菩薩之所護念、或
是諸天魔梵、及鬼神王名號、稱其名號、則部從敬主不敢爲難行殃、又咒似軍中密號、唱號即應、不敢違背、又咒者、
祝願也、願此事必竟成就也、如螺蠃之祝螟蛉、似我似我而此似我之聲、念茲在茲、相續不斷、諸虫受熏、莫知然而
化爲螺蠃矣、諸佛菩薩、以慈悲教化、熏諸衆生、故衆生莫知然而離苦得樂、轉凡成聖矣、如大悲菩薩陀羅尼曰、譬

如醫丹妙藥、點鐵成金、誦持陀羅尼、變凡作聖、此之謂也、

南無甘露王菩薩摩訶薩 三稱、此水仗咒力加持、體相用三與神咒等、所作從心、靡不克就、咒畢注水入盂、次注左掌、點頂喉心、想身界外壇現大空輪而作供養、必待咒畢方能注水、切不可將稱咒名瓶即瀉去、持誦運想不周、作法之師須善用心、瀉水已、侍者將空瓶傳下、

此喻以顯法澤也、甘露者、乃帝釋面前、有波利質多樹、此翻為具生、葉上每垂滴玉露、其味甚甘、食之者、能長生不死、永離飢渴衰惱等患、正喻法水如其甘露、能長養眾生法身慧命、增一切禪定功德、不被三災八難等苦而煎迫也、超彼甘露、故謂之王、唱時以右手無名指點盂中之水、彈灑虛空、令器界皆得清淨、沾露眾生、咸獲清涼也、如上所論、全談理地、向下作法、實益事界、如經云理須頓悟、乘悟併銷、事非頓除、因次第盡、故當如斷、次淨身界也、

淨法界偈

瓶中甘露如來置　要去塵勞不淨身

戒指取水 我今乞取掌中存　普 向左彈、 灑法 向右彈 筵常清淨 向外彈

淨法界真言

此淨法身之界、誦真言時、調伏身心、仰舒二掌右壓左、二大指相著臍輪下、想頂臍

二處具唵藍字觀自身心如淨月輪以表福智圓滿也

唵嚂唵引生嚩淨法界義莎訶圓成

法界者、總該萬有、即是一心、元依一真法界、分而為四、一理法界、法者軌生物解之義、理是性義、無盡事法、同一性

故、二事法界、事是分義、一一義別、有分劑故、三理事無礙法界、一切分劑事法、一一如性融通、重重無盡、故實際理

地不受一塵、不待淨而自淨也、四事事無礙法界、事有染淨、固當簡別、而事界之中、又有身器之別、此則淨事界之

根身也、以根身是父母赤白二點所成、并積生無始虛妄、故淨之也、以六根四肢、各有法則、各有界限、是故名為法

界耳、誦咒時、調伏身心、想頂臍具有唵嚂二字、以表福智圓滿、何據、非福不能具相好、非智不能淨餘果、福智圓滿

則內障自淨、外相自嚴、故觀唵字在頂、嚂字在臍、頂者、一身之首、臍乃命脉之源、淨此二處、則六根四肢、無不淨矣、

問、云何二字便致二嚴、答、經云、唵字者、是法身真理、即一切法、本不生義、又三身義、無見頂相義、亦是如來相好功

德義、觀之在頂、即具如上諸義也、嚂字者、即真言儀軌云、此名寶曇佛智光遍照三摩地、若想若誦、令三業悉皆清

淨、一切罪障盡得消滅、又能成辦一切善事、隨所住處、悉得清淨、衣服不淨、便成淨衣、身不澡浴、便成澡浴、若用水

淨、不名真淨、若以此字淨之、即名畢竟清淨、如靈丹一粒、點鑽成金、真言一字、變染成淨、偈云、嚂字色鮮白、空點以

嚴之、如彼髻明珠、置之於頂上、眞言同法界無量衆罪除、一切觸穢處、當加此字門、以用此字、置於命元者、則諸罪根圓拔、內瑩發光矣、故楞嚴云、一根既返源、六根成解脫、此之謂也、

點淨眞言

此淨壇場之界、誦眞言時、用戒指搵取香水、彈灑虛空、並塗掌中、想壇場內外、悉令清淨、

唵(平)啞(戒指取水)穆葛(不空)拶羅彌(手掌)麻迎(點淨)蘇嚕(向外彈)蘇嚕(甘露淨水)莎(塗掌)訶

此淨器界、故云點淨、圓覺經云、一世界清淨、多世界亦然、如是乃至盡於虛空、圓裹三世、一切平等清淨不動、淨名云、隨其心淨、則佛土淨、

加持華米眞言

侍者預將鈴杵花米移於師前、誦眞言時、手拈花米三次、想此米仗咒不思議力、粒粒皆成光明種、出生金銀碧玉珍寶之雲、徧滿空界、宏施不竭、如因陀羅網莊嚴也、

唵斡資囉(金剛)嚐嚩(花米)啞吽(出生義)

花者、因義、以此米爲因、誦眞言時、想成智慧光明種、出生金銀碧玉等雲、預先加持者、彼用之時、隨心轉變而不違也、正所謂工欲善其事、必先利其器之意也、

鈴杵眞言

鈴表大智、宏法、杵表大力、降魔、誦眞言時、右手梵書唵啞吽三字於上、即成權實智慧種、

出生無量　折攝妙用

唵斡資囉　左手持鈴右手拈米　金剛薩答　三誦三撒　杵　啞吽

唵斡資囉　將杵横於鈴上亦三　金剛看吒　誦三撒　鈴　啞吽

鈴者、有適悅義、在腰之左、表大我焉、謂此我非同凡夫情計之我、乃法身中常樂我淨、眞常寂滅之我、涅槃經云、一切眾生皆有佛性、即是我義、如鈴相似、虛而能應、感而遂通、稱適佛心、悅豫群機、故鈴談慈表我德也、振之以悅生佛之心故耳、杵者示威義、又表五智、轉拳向外、以示眾生也、表五智者、以智能摧滅煩惱、降伏魔軍、故誦眞言時、右手拈花米灑鈴杵上、而加持之、

唵　出生義、毘盧身義　啞　不生義、彌陀口義　吽　生不生義、阿閦心

此名三字總持眞言、三誦三撒米、振鈴三障、凡諸作法以此眞言總加持之、皆得堅固廣大無窮無盡之用也、瑜伽大教經云、由持此唵字、加持威力故、縱觀想不成、於諸佛海會、及供養雲海、眞實具成就、由諸佛誠諦、法爾所成故、由適誦阿字、摧滅諸罪業、獲諸悅意樂、等同一切佛、超聖眾魔羅、不能爲障礙、應受世間廣大之供養、由吽字加持、虎狼毒獸、惡心人非人、盡無能淩屈、如來初成道、於菩提樹下、以此印密言、摧壞天魔眾、是此三字、既具如斯

妙用、是故文中重重念之、

振鈴偈

我今振鈴杵（左手持鈴右手扶緣）聲徧十方處

禮請諸聖賢（衆同作梵）悉皆來赴會

我即行人自稱之謂、今現在也、振、搖動也、行人於此心既齊明、即一切界無不如一、故開啓際當振鈴杵、鈴即鐸也、宣布教令開人聾聵、表聲教也、杵乃金剛力士所持、鎭魔器仗有教威重義、故表智也、智裂無明如杵威能取萬物也、然所謂教不過化被三種世間、若攝情覺當云十界、今由便唯約器論但日十方、況復舉云禮請賢聖悉赴會者、祈昉化被度羣靈也、

群除讚

左手執持微妙七寶鐸（振鈴振鈴）洪音振動十方及三際

梵音嘹喨驚覺魔寃心　摧碎邪妖魍魎諸鬼魅

初頌四句、初一句頌秉教讚歎、次三句頌流通教法、于中分二、首之二句正頌聲益、末頌形益、聲益又二、初句顯體

次顯相用、左者佐也、猶佐助也、男也、君也、君主號令、鈴鐸爲器、以宣號令手故、倚左、男有權幹、如教方便、善巧逗機、故左譬教、手持鐸者、陳秉其教、宣令教化、微妙七寶所謂聖教、甚深玄奧故歎微妙、最上第一、讚曰七寶、意欲流通、若非振動受持等五、焉令聲教普徧世間、梵音嘹喨頌其聲相、謂宣教化音清雅故、驚下五字顯力用大、動心故驚、心動故覺以受益也、梵語魔羅、此云殺者、謂殺法身害慧命也、而有四種、一五陰魔、二煩惱魔、三生死魔、四天主魔、寃恨嬈正、故謂魔寃、今既聞法驚覺、開解五陰本空、故云心也、此正顯破五陰魔也、上聲益竟、下示形益、故言摧也、碎等八言、亦顯力用、碎者、破也、茲露能破、下出所破、既曰摧碎、何判形益、蓋摧即折、折伏也、威故、雖知所破、即是三惑、邪故不正、返生諸見、可對見惑、妖媚人心、以配思惑、魍魎無知、正同無明、諸鬼魅者、諸乃不一、然鬼魅者、老物之精、是謂塵沙、

右手執持金剛降魔杵（右手持杵）威勢力重八萬四千斤（微微三起落）

摧壞天與非天魔眷屬（斷斷舉齊冠）普使回光返照而渴仰（向內打一轉）

頌亦四句、初二句頌秉智破惑、次二句頌顯智功能、初中又二、上秉下讚、次中亦二、初明破惑、次令返照、右者佑也、猶護佑也、女也、臣也、臣主供職、杵之爲仗、以供臣職手故倘右、又持杵者、謂自秉智護佑降魔、女能生子、猶如智慧

出生諸佛、故右喻智、既曰金剛、又降魔者、須知約體、故名金剛、若從用顯、復號降魔、今雙彰故、不為重繁、然破魔寃須兼威德、故舉威力、八萬四千、申明威德、蓋論人心悉具八萬四千塵勞、如來設下對治三昧、數亦同、故曰重曰斤、就杵便故、壞謂之破、茲顯智力、天等七言、示所壞相、天之崆峒出乎自然、同外道計、梵語修羅、華言非天、既非自然、定執因緣、天與非天、謂執和合、或計有無、或執斷常、或着單複諸見稠林、故乃總結、謂魔眷屬、更云煩惱皆由愛見、魔愛眷屬故、謂之愛見、同前釋因、起計執、則法爾被煩惱嬈亂、今既摧壞、爾乃帖然、斯亦申破煩惱魔也、然正觀中釋觀字云、斷惑正要、觀為智因、此等皆言破乎三惑、彼應破計、今胡不爾、但彼教意、貴解法身、故令除惑、理無不顯、今意在行、悉就禪味而起計執、須預防護、故云摧壞、況無明者無所明、了是其總體、而諸計執、從用名別、破雖總別、顯理一故、令返照者、示智用也、而渴仰者、生欣慕也、然雖返照、若不渴仰、猶墮不前、對上謂普接下、云使猶曰、咸令修觀心行、是故謂之迴光返照、第觀斯文、顯佛心等、不揀魔寃悉皆化度、故令迴光、縱治魔軍、云降云遣、顛倒夢想、祇令違離、忿怒天魔、亦使諦信、兇惡禍祟、彈指掃蕩、終不絕命、即有願滅、及乎摧碎、摧壞等言、但消妄情、並未害人、及至情忘、復教觀心、信受渴仰、直成菩提而後已矣、

內外寃魔三毒四害等（直竪胸前）

呪詛魘禱波旬及外道（向外打一轉手覆平桌）

上句申明欲中三惑、下句申明智中計執、內外寃魔正顯惑相、內謂界內、指上見思、外言界外、釋上無明、智能傷人、法身慧命、故云寃魔、三下五言、舉身口意三毒、即是貪嗔痴也、四害所謂兩口惡舌妄言綺語、未及言身、故云等也、三業重繁、申上塵沙、呪詛魘禱、顯信和相、翻譯名義云、韋陀羅、此云魘禱、波旬、魔名、示一執着名、則同魔、若起計者、所謂外道、

結三尖印想印出火光印杵三拽

三尖火輪遣魔變空力　能使顛倒夢想皆遠離

仰收膝上

三尖火輪正顯印力、遣魔變空、乃出呪力、能下一句方所效相、然雖印呪、若無觀相、焉克效驗、當以三觀智所礙究、生死情忘、謂之遣魔、獨一眞空、故云變空、凡未出界報受分段、已出三界、唯存變易、既云情忘、則生死魔有何可怖、既無所怖、則無佛果涅槃可求、須知怖生死涅槃、皆顛倒夢想之事耳、若依圓觀有諍生死、無諍涅槃、生死涅槃二句巨得、但逐假名、妄生取捨、果能一旦聖凡情盡、庶使顛倒夢想之相靡不遠離、

徐起打一轉

八方四面忿怒諸天魔　聞我作法諦聽而信受

竪持平胸

首句陳處、末顯生信、方隅並述、故道八方、單約正向、所謂之四面、如須彌山面所對、故今乃釋配四禪八定、謂魔所處、或無色頂、或色界頂、或欲界頂、但上二界既指禪定、然而欲界須約未到定者爲是、未言者略、故總結曰、諸天魔矣、

聞下一句、謂魔信受三轉十二行法輪也、為求聲聞故說四諦、爾乃令其知苦斷集慕滅修道、聞我作法、是能聞我示轉法輪、三諦聽、誡轉、信受、勸轉、三轉四諦、而皆信受、然則諦信能破三法、一疑、二惑、三不決定、可謂化周無所餘耳、況前三魔皆由執着、唯在自心、但須破情、此之天魔總王三界、恐人出界眷屬減少、故每惱亂、或於初發菩提心時、或道成際、飛行夜叉空中高唱、魔聞哭聲震動宮殿、故儘伎倆、或喜現女、或怒則現諸惡獸等、隨燒行人、阻退勝心、成彼惡黨、俾諸後學若志怯弱、決為所害、故前但願滅大愚痴、茲則令彼悉皆諦信微妙法輪、誠為度生澤被未來、可見無遮行願極矣、復知愚痴非獨智滅、亦由乎教、但隨文便、兩相互顯、今則並陳、知所取裁、

以杵向空打一圓相

唧吒叭吧秘密妙伽陀

戒指取水向空彈　以杵作掃蕩勢　一擲放下

彈指掃蕩兇惡及禍祟

唧吒叭吧、罔知所出、准言秘密、當是呪音、據妙伽陀則是偈音、今特雙彰顯密、圓通方克掃蕩兇惡禍祟、如彈指頃、然文始末、與止觀中五略意同、義相連屬、靡不躐等、厥初發軫、令擇眞正發菩提心、為感同佛機、雖開圓解、而發大心、非行徒焉、復于登座、輒示行云、六度齊修、苟缺觀心、恐涉事度、便在祝水、表八正道、圓妙觀照、袪惑會眞、顯修大行、定感大果、故五方佛、冠頂證明、暨乎讚杵、表智而日滅大愚痴、乃至廣談、斷乎三惑、離乎二死、摧乎四魔、破乎計執、無非裂網、既所裂大、所趣寧小、猶如龍象、詎遊兎徑、故歸處大、然大處者、即佛自證究竟位也、應須了知究竟無他、

秖在日用違離顚倒夢想影事、不罣系毫、恒一于是、故下但言佛果菩提及成正覺、皆顯大處、庶知所歸、

十二因緣咒

准法身字輪等云、行者觀察一切世間有十二支、流轉還滅、入毘盧法界觀、正喻上

來諸法皆從因緣而有、亦即當體皆空、

唵耶諸答兒麻法㕧都因緣不囉光明巴斡㕧熾盛生起敦的山種種分別

答塔葛達如來歇斡而生起怛的山分別議論拶的兜嚕因緣怛耶法把

叭諦熾然生發麻曷大釋囉麻納耶略云沙門、云功勞也義莎訶圓成

正顯上來所有諸法皆從因緣而有、當體皆空、中論云、未曾有一法、不從因緣生、是故一切法、無不是空者、故三界轆轤皆屬因緣、欲證無爲、必仗神咒之力、轉生滅而成還滅也、諦咒之後、得心自在、得法自在、隨其所欲、不違拒也、何謂十二因緣、轉輾感果爲因、互相由藉爲緣、即法華所言無明緣行、乃至生緣老死等因、是也、無明者、無有智慧之明也、體即隨痴迷暗爲性、即眞如不守自性一念妄動而有、不覺迷覆眞性、故謂無明、即是惑也、行者、於過去時、所造善惡之業、名之爲行、由惑造業、故曰無明緣行、識者、有了別之義、此即第八阿黎耶識也、由業因故、牽生三界、意識妄動投托母胎、故云行緣識、既托胎矣、即有壽煖識三字、七日、一轉而成名色、名是心、色是質、故云識緣名色、六

根成此胎中、既有心色、即成就六根、故云名色緣六入、以根有入塵之義、故謂之入、觸者、出胎已後、由根對塵、而未能分別、故云六入緣觸、受者、有領納之義、領納世間善惡等事、由六根觸境、故而後領納、故云觸緣受、愛者、好樂世間可意之境、由領納故、然後生愛、故云受緣愛、取者取着不捨之意、見一切境、皆生取着、由愛生着、故云愛緣取、由取着故、起惑造業、當生三有、故云取緣有、既有三有之因、必當生故、故云有緣生、既有生故、必有老死等果也、此十二緣生、總該三世因果、如旋火輪、無有休息、無明與行、過去二支因也、識名色六入觸受、此現在五支果也、愛取有、此現在三支因、生老死未來二支果、總名流轉門也、今行者既從曠刦以來、隨無明等緣、故感現在苦果、今以戒定慧、觀照方便之力、神咒加護之功、照自他身心境體相、皆自性空、無內外有、即我此心同佛智海、是稱爲還滅門也、所以十明論云、迷十二有支、則爲苦海、號曰衆生、悟十二有支自性本空、即是大寳莊嚴城、名之曰佛、今行者神咒智力、加持功德、頓令十二因緣、而成佛波羅蜜海也、如上所論、借權顯實、攝事就理、會假歸空、培植萬德之本也、

歸依第四

歸依三寶

拈花米安於左掌中

我及法界一切有情．從今爲始．乃至未證菩提之間．誓願歸

依金剛上師三寶

從此以起，正明行願相資，建壇設供，莊嚴淨土，而攀諸聖也。未行而先願者，蓋願乃志氣之要約，若不先願而堅固其心，恐生懈怠，故須先發願皈依三寶，若不皈依，凡有所作，盡成魔業，并仗上師三寶冥熏加被，令我本願速得成就也。行者持花米於手中，白云：我及法界一切有情，正願其不專爲己，而發此廣大之心，從今以至未證之間，正願其願之堅固，而常時無退怯也，普皈上師三寶者，正願其發心廣大最勝無上也，金剛上師居於三寶之首，以佛所師之法，故如大智度論云：諸佛以實相爲諸法，依此實相發心修行，方成大菩提，若不以此爲師，皆是天魔波旬報恩云佛以法爲師，般若云：我初成道，觀誰可敬可讚，無過於法皆能成度一切凡聖，故所以上師即法也，金剛者喻實相也，取堅利不變之義，所以華嚴文殊云：所從來國謂金色世界等所師之佛，謂不動智如來等，金色世界即喻實相也，不動智即根本智也，即是金剛上師居首者，此之謂也。

捺謨孤嚕毘耶　捺謨勃塔耶

捺謨達而麻耶　捺謨桑渴耶

此四句是皈依三寶，首句皈依上師，次三句是皈依佛皈依法皈依僧是也。

唵毘盧增益哩哩彌陀擁護哈哈成就敬愛吽吽阿閦息災發怛寶生調伏

正上師也、

唵導起失哩吉祥佛麻哈勝大法歌羅衆多僧哈哈法字種吽吽佛字種發

怛僧字種莎訶圓滿

正三寶也。

三撒米

唵阿吽

復念此三字總持、而加持之、洒花米於虛空、想所落寶米即成花香種種供養等雲、而奉獻之、令無盡也、

自性偈

合掌

方便自性不壞體　金剛不壞大勇識

方者、法也、便者、宜也、謂將善巧方法、隨順衆生之機宜、如現身不定也、以妙體本來離相、爲諸衆生而現諸相、所有之相皆一期隨緣之方便耳、此方便自性之體、如金不變、如剛堅利、混塵鑛不壞其體、入大冶不變其色、不爲物所壞、能壞一切物、以此自性之體雖不變、而能隨緣示生三界、與民同患、又能斷衆生之癡網、破煩惱之牢城、故喻之

如金剛本來不壞也、大勇者、能勝怨敵、能怖魔軍也、大識者、即一切智、無所不燭、世出世間、惟佛能知之謂也、

最勝無比超出相　令此所作皆成就

雖不變而不妨隨緣、雖隨緣又不妨不變、所以最極殊勝無可爲比也、善超諸有、越諸塵累、靈知絶待、迥出思議之表、故曰超出相、佛本既然、我今所作、亦願成就此妙體也、已上四句、乃讚佛現身之體、向下四句、正願佛說法之體也、

勝慧自性甚深性　演說最上法輪音

諸佛智慧、甚深無量、其智慧門、難解難入、假使聲聞緣覺、及諸菩薩、積滿河沙、亦所不知、故曰勝慧、其自性最極甚深、以甚深故、方能演說法音也、法而曰輪者、何也、輪者、有推轉之義、轉此法輪、能爲衆生、摧碎煩惱、轉凡成聖耳、經云、從根本智、流出後得智、從後得智、流出大悲心、從大悲心流出十二分教、所以說法皆以智爲體性、

以無生現方便身　令此所作願得成

說法不離其身、身本無身、方便而現諸身耳、法華云、時我出世間、方便爲衆生、諸佛所得法、故曰以無生現方便身、彼既如是、我亦應然、故曰令此所作願得成也、佛身之智、如此甚深微妙最勝無比、未有無漏之身、而依有漏之土、故念淨地偈、轉穢成淨、以便安住諸聖賢也、

淨地偈

一切方隅所有地　瓦礫砂磧等皆無

即後所建曼怛之方隅也、非如娑婆世界、雜穢充滿、土石諸山、瓦礫砂磧、坑坎堆阜、不平不淨之地、今皆變成琉璃之寶地、

琉璃寶地平如掌　柔輭微妙願安住
猶如極樂國莊嚴　妙寶爲地衆花敷
園林池沼無缺少　以大法音願具足

掌者、海底有石、最極平滿、既平如掌、柔軟如綿、微妙無比、願佛慈悲、於此安住、極樂國中、妙寶爲地、衆寶爲園、瓊林玉樹、危樓迴帶、金臺銀樹、闌道傍出、棟宇相承、窗闥交映、階墀檻楯、池沼花林種種滿足、一切皆以妙寶所成、法音所演之處、無不具足矣、

從出世間無能現　種種七寶之所成
無量光明徧照處　諸佛菩薩願安住

如來在世、於娑婆而變爲此淨土、今佛入滅無能再現、我今從佛出世之法、復能再現此種種七寶所成之地、無量光明、徧照內外、輝煌赫奕、光照之處、願諸聖賢、於此安住不動也、

苦火逼惱諸衆生　悲水清涼得寂靜
隱至自性安樂趣　聖觀自在我讚禮

器世間既嚴淨已、衆生世間亦當嚴淨、故云苦火逼惱諸愛、衆生、皆承聖觀自在大悲之力、而得清涼寂靜、斷離憎愛、名曰清涼、滅絕痴闇、名曰寂靜、苦火逼惱即是生死、清涼寂靜即是涅槃、以一切衆生本有自性住佛性、故今復了知生死如幻、本自不生、而得具足常樂我淨也、

稽首最勝諸上師　無盡三寶聖觀音
我今依敎濟幽冥　惟願慈悲垂加護

器與衆生既皆嚴淨、則有智正覺出現世間、是故稽首上師三寶及觀音、上師者三寶之總體、觀音者此會之本尊也、欲以三世間之嚴淨、以濟三塗之淪沈、故求三寶加力而護助也、

音樂咒　以自性之音樂供養自性之三寶也

唵斡資囉（金剛）看支曳（鈴）囉納囉納（請召）不囉囉納不囉囉納（光明）三不囉囉納三不囉囉納（正大光明請召）薩哩斡（一切）索答（佛）赤的囉不囉（明行足）拶哩答（世尊也此三句佛寶）麻曷（大）不囉尼耶（畧云般若即智慧也）巴囉蔑答（即波羅密多此云到彼岸）那達速巴微（理趣）薩哩斡（一切）答哩麻（法）紇哩達耶（心此六句法寶）傘多沙納（即沙門此云勤息）葛哩（闍黎此云軌範師此二句僧寶）吽吽發吒（字種開通義）莎訶

凡唱此咒者、如鈞天普奏、五音和雅、六律交暢、微妙通徹、供養十方三寶也、

施食緣起文

（二掌仰舒在壓左）

切以法不孤起。仗境方生。道不虛行。遇緣即應。

所謂法者、即三千也、凡此性相、由緣會有、若一緣離、自不能生、道者、理也、言也、路也、而此三訓、悉合今意、蓋今因上訓法雖約三千在事故、乃指定理之三千、苟昧斯理、須從言教而爲開示、庶使行人更依言路而達實理、是以須了法既藉境顯、非獨有、故佛設教、要藉機緣而乃垂化、

今則羅列花壇。闡揚佛事。香焚寶篆。騰五色之雲霞。燭綻金蓮。燦一天之星斗。法樂奏無生之曲。梵音演最上之宗。歸依五眼六通。迎請千賢萬聖。

上既廣攝、確是遠由、迨叙近由、何以故判、設壇迎聖、良由前章、既約通論、茲乃從別、以示所由、達非孤生、第此竟彰、揀總取別、故云今則、復依羅列、指能列人、花香燭等示所列物、然上既謂法須仗境、道假緣與、但意雖泛、義乃悉備、茲則准擬利濟所由、而日若花壇闡揚佛事、何以故爾、然利濟法須知亦假設壇迎聖、若不爾者、利焉得普、故陳所列皆有所表、花表布施、香表眞機、燭表觀智、謂既羅列資生之具、爲一壇中賑濟之需、若非眞正契法身者、用則有乏、故示胸中恒熏五分、然須透徹、杆頭再進、復加觀智、一道圓明、縱彌法界、猶尚不置、法下二句重明法施、謂雖行一檀、唯以四事、倘缺法施、終有盡期、必須兼濟、纔克究竟、當知施法關係實重、詎可畧乎、但今約事以示無生、其意令觀諸音節奏、如實了知、聲無聲相、本無有生、既本無生、亦無滅故、夫無生者、體即不二、乃佛所乘、亦爲行人之所仔肩、諸佛恒演、故雙結云、梵音所演、九界所宗、無非最上、皈下二句正出迎聖、謂既設壇本欲集會、上迎四聖、下通六凡、第今叙由獨求加被證明而已、然於所濟姑且停宣、五眼六通揀異偏小、千賢萬聖、但舉大數、由是覺王住世以法利生．不有因緣無由垂範．

初二接上、次二貫下、只一法字、彌顯施源、不但今意、亦能廣攝一代所化、乃曰住世、所謂佛與必由是法而化導故、不下反顯、言雖施化、亦假因緣、方垂法則、猶如磁提鐵、成器、何謂因緣、良由阿難習定之因、再加焦面示現之緣、承斯機叩、大哀曠濟、茲法纔興、

是以阿難尊者林間習定．夜見鬼王．口吐火焰．頂髮烟生．身形醜惡．肢節如破車之聲．餓火交然．咽喉似針鋒之細．

既云習定、何謂爲因、須知尊者初既未定、夙十界業悉皆冥伏、茫然罔覺、一入定已、正由夙進餓鬼業熟、嘗爾發現、如觀濁水、十指捏拳、雖映水面、皆無所見、既澄清已、隨舉一指現一指相、由如是因有如是緣、發是因緣鬼機與故、若據初果尚在見道、修道未盡、必須習定、研眞斷惑、見未了者、界內無明、謂無明夜雖見鬼形而未能了、爲何所由、口下六句出其惡相、令生怖故、所見火焰從口吐者、是炬口鬼、既火焰熾常從口出、故爾頂髮亦乃烟騰、身醜惡者、所謂形骸、由饑羸瘦、唯有皮骨、故動肢節、聲如破車、第火熾盛已、是極苦、何堪絕食、則飢與火二相攻逼、故曰交然、咽似針者、謂縱遇食、由內外障、口吐火炬、咽如針故、

見斯怪異。問是何名。答曰。面然。汝三日之中當墮我類。

從昔未見、而今忽覩、枯焦極醜、火口針咽、且驚且疑、爾乃問名、其鬼答竟、復更告言、汝將命終、決與我儕、

阿難驚怖。歸投大覺慈尊。敘說前因。啓請救苦之法。

既覩鬼形、猶尚可畏、復聞是言、寧不慞惶、況業報至、既自力薄、理宜投佛、所以備陳請救之方、

佛垂方便。利濟洪深。使延年而益算。誦威德之眞詮。令餓鬼以充資。施甘露之法食。加持必專於神咒。嚴衛須假於壇儀。

既垂方便、當是設教、利濟洪深、讚所教法、使下六句、讚所以、垂之一字文意、雖酬當機啓請、義則收括緣起一段、前後罄盡、然雖利生曲直隨機、苟無因緣、教何由興、故爾正由因念所受、熏將遍眞、激動善惡種子之源、於是大權示現鬼狀、雖令驚怖、情猶未切、更加苦口叮嚀、曉諭忽聞此語、苦痛關心、生死大事、無有不切、切生死若切、佛界機興乘此機會、佛即爲垂方便、說已、所謂善巧投所宜、故但准所請、元爲自他、而各具二、自則延齡更免墮苦、他願飽滿及生天上、然此教法悉證佛果、是以讚云、利濟洪深、讚所以中初四乃顯利濟一句、次加持下訓垂方便、

雖然啓請一時。法傳千古。

此顯教法不但現在、縱經千古益終不竭、況當機請雖兼自他、猶尚未言十方三際、但彼治病須救急故、若准讚辭、既云洪深、義則已該、故今顯示流通不壅、乃至下文遍通上下如是等言、文義具足、庶知設教寧為一病而設一遍方、乃以一方畢竟遍療一切病故、

金山修建。不獨自明。摩伽斛食。施周法界。

若足梵語云摩竭提、此云善勝、又西域記云、摩竭陀又摩伽陀、文句記云、此言不害、劫初已來無刑害故、今日摩伽、畧陀字故、此係國號、謂所施食當如彼國所用之斛、普施咸令獲七七斛爾、乃得名摩伽斛食、非唯一一得七七斛、抑亦食量同法界故、

若無靈驗。今古焉傳。有是功勳。方堪演說。

因上既言不獨自明、今故反顯、所謂修持果如法行、靡不效驗、由是今古相續傳書、自無間斷、有下二句亦承所施周法界言、謂雖加持能充法界、詎非功勳而克若是、設使力弱、縱宣何益、故今所演不獨所施彌滿法界、更令食者解脫苦身悉登聖位、

梵音演處。上窮有頂之天。唐韻宣時。下極風輪之際。

既舉上下則該方隅、梵音唐韻是謂顯密、凡所宣演若時若處功能悉遍、上窮下極、今成聯偶暫且分說、究其義趣當互具耳、有頂天者所謂三有之極頂也、風輪際者、即隣空輪之邊畔也、要而言之、盡器界中無非化境、況佛化境乃周萬億、須知文局義實豐矣、矧復大千、皆依風輪爲基址、

欲明聖理。故白斯文。佛事完成。同歸眞際。偈云。

今所拈出明聖理者、是謂開示平等性也、昔既當機秉佛垂範昔施若受及所施物三輪空寂體即法界、故當無限際、今則亦爾、欲明斯法必述緣起、方契旨歸、言佛事者、謂濟生也、迨事完成自他均益、由是而之悉詣眞際、

最勝光明自在王　如來宣演妙難量

言最勝者、是讚歎無比之詞、光下七字乃佛名號、由彼所說陀羅尼法微妙莫測、故云宣演妙難量也、准緣由云佛告阿難、我昔曾於觀音菩薩受得此法、名曰無量威德自在光明如來陀羅尼法、當知此呪從人得名、

昔因慶喜生惶怖　焰口雷音報禍殃

初句述因、次句陳緣、生惶怖者、所謂心若生死關頭還未親切、終難向上、良由當機位居見道、情無不切、內機既萌、更感外緣、忽爾驚心、言焰口者發起人也、即是大權應現鬼身、高聲告報、故曰雷音、言禍殃者、即以生死而激發也、

稽首殷勤白教主　與慈濟物利生方

由發動故、既了生死之所逼迫、須索出路、是以三業精虔、請救身則稽首、意則殷勤、口則白佛、當機既述餓鬼所陳、乃至若能平等普施一切飲食、乃得增壽、自忖力乏、云何能辦、充足彼等無量飲食、佛遂告云、善能作此陀羅尼法、加持七遍、即能充足如是等類、然欲受持施食之法、須依瑜伽甚深三昧、阿闍黎法、應發無上大菩提心、受三昧戒、入曼拏攞、得灌頂者、故乃與慈開示濟生之方法也、

如今稽古重拈出　凡聖同遊解脫場（起立）

稽者考也、所謂今來撿討古事、拈出示人、庶令凡聖靡不解脫、與前稽首音義不同、彼乃晋也、謂俯拜地晋首片時、

迎請文

（執爐恭迎）阿難陀尊者（拈香）

（衆和）阿難陀尊者　與權啓教（問訊放爐趺坐）

是與權啓教之主、施食之宗師也、梵語阿難此云慶喜、如來堂弟、多聞第一、良以法不孤起、仗境方生、欲益未來、先與權化、故於林間習定、夜覩非形之態、歸投白佛、哀求救苦之方、佛示威德之神章、大開甘露之法門、於是昏衢頓朗、萬物回春、匪仗尊者之悲心、權現曷有施食之教乎、

三寶文

夫三寶者．千生罕遇．萬刼難逢．佛者覺知之義、法者軌持之義、僧者和合之義、所以名寶者、寶性論偈云、眞寶世希有、明淨及勢力、能莊嚴世間、最上不變等、有同體別相住持之別、見前、此文所讚別相三寶、所以發起衆生願慕之心、成就佛種、經云、人生難得、佛法難聞、法華經方便品云、如優曇鉢華時一現耳、又妙莊嚴王品云、佛難得値、如優曇鉢華、

歸依者福增無量．禮念者罪滅河沙．歸者還也、依者憑也、歸投依伏、故曰歸依、歸投之相、如子歸父、依伏之義、如民依王、如怯依勇、總是意業致敬、禮者身業致敬、念者口業致敬、以於三寶虔恭三業、故能滅罪、增福河沙、即恒河沙、譬數之多也、

譬如靈丹之妙藥．療百病以蠲除．若以懇切至誠心．故無求而不應．所謂道．靈丹喻增福滅罪、懇者誠悃、切者急迫、至誠謂眞實、希願、若於三寶殷勤祈求、無願不遂也、

冥冥大夜中　三寶爲燈燭　滔滔苦海內

三寶爲舟航　燄燄火宅中　三寶爲雨澤

生死遠曠、無解自照、故日大夜、三寶自具智慧、能生物解、喩如燈燭、苦無際限、譬之以海、心地觀經云、常於生死苦海中、作大船師、濟羣生、三界生死、譬之火宅、法華經譬喩品云、三界無安、猶如火宅、衆苦充滿、甚可怖畏、常有生老病死憂患、如是等火、熾然不息、若別譬者、夜喩無明、海喩貪愛、火喩嗔恚、而三寶者、能除彼三毒根本也、

由此希心仰望．當求出世之因．密語宣揚定感超凡之果．

出世者涅槃之法、出世之因、即是博施、超謂卓出、凡謂常俗、即是無上菩提、密語謂今所持諸眞言等、一一文言無非字門秘密加持而爲體性、即是眞語如語不妄不異之音、故有不思議力用也、

三寶功德難盡讚揚．仰勞清衆慈音後和．

清衆謂清淨行人、離惡行之過失、離煩惱之垢染、故以大衆異口同音一心讚揚、感應道交不可思議也、

三寶讚

至心信禮佛陀耶．兩足尊．三覺圓．萬德具．天人調御師．

至心信禮者、乃精敬之詞也、梵語佛陀、此云覺、覺者謂五住究盡、二死永忘、如大夢覺、蓮花開、名之曰佛、福足慧足

名兩足尊、自覺覺他、覺行圓滿、名三覺圓、慈悲喜捨等皆具足名萬德具、因窮果彰、開導人天曰調御師、調乃調伏、御乃適時善駕、如淨名云、閻浮眾生、其性剛強難調難伏、唯如來以善巧方便、設諸苦切之言而教化之、譬難化之人、心如猿猴、故以若干種法制御其心、乃可調伏而入律也、故名之曰佛、

唵啞吽

此無非加持音聲、令成廣大讚歎、如行願品云、以十方三世一切佛剎微塵、一一塵中復有塵數佛、我當悉以甚深信解現前之見、各以出過辯才天女微妙舌根、一一舌根出無盡音聲海、一一音聲出一切言詞海、稱揚讚歎一切如來諸功德海、盡於未來相續不斷、即此之意也、

凡聖大慈父

三聖六凡之依怙曰慈父、經云、五眼具足成菩提、永為三界作慈父、

從眞界騰應質．悲化普．竪窮三際時．橫遍十方處．

此下讚現身說法、所謂如來從一眞法界而騰應化之質、若桂月朗空、千江頓現、悲化之心無處不在、竪則窮於三際、橫則該遍十方、

震法雷 有警覺義

擊法鼓 有進策之義

廣演權實教 三乘權也、一乘實也、

唵啞吽大開方便路 經云、諸法從本來、常自寂滅相、不可以言宣、今佛於無身中現身、無法中說法、曲徇機宜、隨時設教、此所以為開方便也、

若皈依能消滅。消滅地獄苦。 起信云、覺則不動、動則有苦、果不離因、以因生果、一念不覺故心動、說名為業、既有業因、焉無苦果、若能一念回光、便同本得、則乘此般若之力、何患地獄之苦而不免乎、

志心信禮達摩耶。離欲尊。寶藏收。玉函軸。結集於西域。唵啞吽。翻譯傳東土。

阿難於西域畢鉢羅窟結集諸經、所以云、佛法大海水、流入阿難心、故法華云、護持諸佛之法藏也、次有三藏法師等翻譯傳於東土、易梵語爲華言、謂之翻譯也、

祖師弘

不與凡聖同躔、超然名之曰祖、弘者弘開播揚也、

賢哲判

依教修行、但未洞徹於心源、將近於聖、故謂之賢哲、判者於諸教之中、判分半滿、了義之教曰滿、不了義曰半字也、

成章疏。三乘分頓漸。五教定宗趣。

解釋義理、成章疏、三乘者聲聞緣覺菩薩也、頓者唯顯佛之知見不立堦級、但離妄緣即如佛也、漸者廣明行位、三祗熏修、角立性相、疏決眞妄、五教者小始終頓圓、當部所崇曰宗、宗之所歸曰趣、

鬼神欽龍天護。導迷標月指。唵啞吽。除熱眞甘露。

經云、修多羅敎如標月指、令人依指如識月也、見月忘指、切勿認指爲月、故云標也、

若皈依能消滅。消滅餓鬼苦。

餓鬼宿因多是慳貪不捨、空腹高心、由此業因、故墮餓鬼、而今歸依、則以折慢幢、如今聞知則達諸法空、豈復願空花之果、聾大我之山哉、又何患餓鬼之苦而不能免乎、

志心信禮僧伽耶。衆中尊。五德師。六和侶。利生爲事業。唵啞吽。宏法是家務。

僧伽此云和合衆、衆流入海、同一醎味、衆姓出家、同姓瞿曇、如水乳合、名和合也、謂智高才廣、行端德隆、衆所欽仰、名衆中尊、五德者、一心語不粗、二說法利人不倦、三戒德清淨普聞、四能除煩惱毒害、五擴常與佛安住、六和者身和同住、語和無諍、意和同悅、見和同解、戒和同修、利和同均、利生爲業、弘法爲務、不憚捐軀殞命、正顯爲僧、弘法非分外事也、上讚入鄽垂手之高僧、下名苦行頭陀之耆宿也、

避囂塵。常宴坐。寂靜處。遮身服毳衣。充腹採薪薇。

厭喧欣寂、潛避塵世、宴坐於幽靜山林之中、棲止於巖阿石室之下、人天恭敬、不以爲喜、採薪薇以充腹、披毳衣以

薇身搏草爲礙、曲肱而枕、以樂道也、

鉢降龍錫解虎．法燈常遍照．唵啞吽．祖師相傳付．

目連六祖等以鉢降龍、鄧隱峯聞二虎鬥、飛錫空中作聲、因而解散、西天四七、東土二三、乃至五宗列派、禪教律諸大宗師、或以法傳法、以心印心、如燈傳一燈、燈燈相續、明明不盡、名無盡燈、照窮世間、無有休息、故曰法燈常徧照、祖印相傳也、此皆以祖師心印遞相傳付也、

若皈依能消滅．消滅傍生苦．

傍生者謂畜生傍人而生也、以僧寶是解脫道、一墮畜生、則被人之籠繫、獵之弓弩、漁之羅網、庖丁屠割、種種苦惱、設使飛禽走獸常懷獝狘之悲、強弱大小、遞相吞噉、負力償勞、互爲徵酬、無得解脫、一皈僧寶則智慧頓發、翻破愚癡之網、慈心相向、却敵弓矢之手、有此勝力、又何患不免於畜生苦乎、

道場觀第五

遣魔印

誦眞言時、以二手作金剛拳、手背相靠、施慧相交、進力直竪、結印當胸、想印上赤色吽字放出種種大光明、遣境界魔、

唵斡資囉金剛啞弭哩達無量光昆吒喇結縛曷納曷納忿怒聲吽吽

發吒光明降伏

上來建設、皆從自心、不思議變、及眞言字種之力、故有如是妙用、既有境界焉無魔礙、又彼魔等心行最喜作破法因緣、若以正法與盛、魔宮隱蔽、威德增長、楞嚴云、若人發眞歸源、十方虛空皆悉消殞、況諸世界依虛空耶、故彼魔王、及諸鬼神、諸凡夫天、見其宮殿崩裂、大地振坼、水陸飛騰、無不驚怪、凡夫昏暗、不覺遷訛、彼等咸得五種神通、唯除漏盡、戀此塵勞、豈肯令汝摧裂其處、故於三昧之時、僉來惱亂禪定、令汝正法不得成就、俾其魔宮安隱無虞、故今行者、作法之時、恐有境界魔礙、與夫天魔、及五陰等魔、種種魔礙、故須遣之、

伏魔印

誦眞言時、六度外相叉、進力禪智直竪、結印當胸、微動作搖扇勢、想印上吽字出火光、而遣諸煩惱五陰等魔也、

唵斡資囉金剛拏恰啞劍輪吽摧遣

火輪印

誦眞言時、二手內相叉、十指仰上、結印當胸、想印上現赤色吽字、出金剛燄熖空、令魔遠離、

唵斡資囉金剛佐囉輪啞捺辣玉曷捺忿怒聲答曷呼來呼去巴拶非好

報語

麼搭縛殺**班拶**慧眼目視**囉納**呼召令去**吽發吒**光明降伏

三重眞言、三重遣魔、初遣魔從印上赤色吽字出光、遣境
界魔、即遣順等境魔、次遣魔者、從印上四度吽字出火光
作搖扇勢、而遣諸魔、即天魔睡魔病魔死魔煩惱陰魔等、
三遣魔者、從印上十度赤色吽字出金剛燄煽空、令魔遠
離、金剛燄者、永嘉云、般若鋒兮金剛燄、非但空摧外道心、
早曾失却天魔膽、此蓋就理之言、若約事者、即如火輪金
剛烏芻瑟摩火光三昧也、此上智力皆順文釋之、若據表
法、其義轉勝、如初登壇、則自特我為法王、於法自在、隨處
建立、今恐迷己逐物、不達如幻、故須遣之、所建諸法、若不
知其自性本空、執為實有、名為法執、復於法中妄計實有
主宰、名為我執、有此二執、二障從生、上則不能轉依二果、
下則何異魔外等見、梵語魔羅、此云殺者、能戕害法身慧
命、封功德寶、故所以初印者、表遣我執也、以相易斷、故次
印者表遣法執也、以細難除故、二執從遣、便證二空、名曰
俱空、若住此空、名為理凝、故空亦空、名遣俱空、即當第三
印也、以不可空處、即是眞空無住之本、一切凡聖之源、故
次維之、以
眞空印、

眞空咒印

誦眞言時、六度內相、又進力頭直豎、應想心月輪上有金色唵字、此名莊嚴一切佛剎土也、

唵莎妙發斡自性順尼牙清淨薩哩斡一切塔哩麻法莎發斡妙性自

順尼牙清淨達

侍者移曼答於師前

於空性中想嚐嚧二合嚐嚧二合嚐嚧二合啞啞啞。吽吽吽。而成十方世界。所有天妙曼怛。啞哩干。擢足。花香燈塗食樂。清徹無礙。猶如普賢化現。種種雲集供養。徧滿虛空。充塞法界。盡輪迴際。無有間斷。

念真言時應觀心月輪上有金色唵字、此合莊嚴一切佛剎大智、大輪、金剛、三摩地入此定已、能以無住本建一切法、法句經云、菩薩於畢竟空中、熾然建立諸法、故於真空自性之中、默想嚐嚧阿吽、一念頓成十方世界、所有天妙曼怛等啞哩干五供、猶如普賢雲集供養者、正明其供養之心廣也、遍空充界者、明此供橫徧十方也、盡輪圍而無間者、顯此供竪窮三際也、問、三字云何便能成辦此勝事耶、答、嚐嚧字如前云、莊嚴一切等及佛頂尊勝經云、此咒能破一切地獄、閻摩羅界傍生之苦、四趣善道乃至諸佛淨土、及諸天宮一切菩薩甚深行處、隨意遊入悉無障礙、捨報即生佛剎等、阿字者名以菩薩威力入無差別境界亦是無生義吽字者名一切如來菩提心因也亦名一切如來恒沙功德、皆從此生、總而論之、蓋以菩提心為因而入菩薩甚深行處、莊嚴一切佛刹及諸天宮、微妙曼怛究竟總歸一眞實相、無差別境界也、問、四洲諸寶土皆一一具足成就、此處又建者、何義、答、從上所作盡屬漸次、不能圓具、一成一切成、并藉眞言之力、恐失唯心之旨、兼三遣剎那頓現、一念圓成、故偈云、字字密言惟心之所成、故知前屬漸次、以係一念圓成、故無濫也、以上建立諸法皆仗因緣而成、花米為因、眞言為緣、并惟心一念想成、依此因緣然後有所建立諸法也、諸法既屬因緣、當體即空、雖空不妨現有、有常自空、從有當體即空、空常徹有、空有無礙中道觀也、所以中論云、因緣所生法、我說即是空、亦名為假名、亦名中道義、此之謂也、

灌沐咒

唵薩哩斡（一切）答塔葛達（如來）薩（最勝）叭哩（聖）呱囉（賢）啞哩干（香水）吧吽（濯足）巴囉（濯身）諦撈耶（授與灌沐）莎訶（圓就）

六供養

此下運轉蓮花手印獻花香等、正所謂化現種種雲集供養也

唵薩哩斡（一切）答塔葛達（如來）薩（最勝）叭哩（聖）呱囉（賢）唵斡資囉（金剛）

布思苾花啞吽

唵薩哩斡切一答塔葛達如來薩最勝叭哩聖呧囉賢唵斡資囉金剛

度苾香啞吽

唵薩哩斡切一答塔葛達如來薩最勝叭哩聖呧囉賢唵斡資囉金剛

啞嚕吉燈啞吽

唵薩哩斡切一答塔葛達如來薩最勝叭哩聖呧囉賢唵斡資囉金剛

干底塗啞吽

唵薩哩斡切一答塔葛達如來薩最勝叭哩聖呧囉賢唵斡資囉金剛

你微得果啞吽

唵薩哩斡切一答塔葛達如來薩最勝叭哩聖呧囉賢唵斡資囉金剛

捨布答樂布拶供養彌葛雲薩謨的囉海斯發囉納普結供養二麻

耶等持啞吽

音樂咒

唵斡資囉金剛看支曳鈴囉納囉納請召不囉囉納不囉囉納光明請召三不囉囉納三不囉囉納正大光明請召薩哩斡一切索答佛赤的囉不囉明足行拶哩答世尊此句佛寶三麻曷大不囉尼牙畧云般若即智慧也巴囉蔑答即彼羅蜜多此云到彼岸那達逋巴徹理趣薩哩斡一切答哩麻法吃哩達耶心此六句法寶傘多沙納即沙門云勤息此葛哩即闍黎此云軌範師此二句僧寶吽吽發吒字種通義開莎訶圓成

獻供念濯足眞言、結蓮花印、念梵五供散讚、念斯麻羅咒故有濯足灌沐眞言、即浣足意也、書云、滄浪之水淸兮、可以濯我纓、滄浪之水濁兮、可以濯我足、唱音樂咒、已置鈴於案、

六字大明偈

六字大明王　功勳不可量
現前淸淨衆　異口共宣揚

字雖有六、德自無量、茲舉數德、今標名故、況德既隆、用豈
能測、故云功勳不可量也、是以命持加被壇場、持須一心、
故謂清淨、現前衆者、指今壇中
左右持事衆口同音以數揚也、

六字大明眞言

唵嘛呢如意是離垢義叭咪蓮花是滿心義吽生成義擁護義

大衆同誦心六字大明神咒一百八遍、由心咒力、隨念清
淨、俾十方世界總成一大光明藏、於此光明藏中安立壇
場、作大佛事、法無不備也、正誦咒時手持數珠、心存觀想、
盡虛空際大光明燭、於一室中然百千燈、切勿飲一滴水、
答一句話者、一念
異緣、即非相應、

回向偈

願將以此勝功德　回向法界諸有情
四句偈加念四句唵嘛呢叭咪吽
普願沈溺諸衆生　速往無量光佛刹
謂以上來供佛功
德回施有情也

獻曼荼羅第六

淨地咒

唵斡資囉合二麻明啞吽

誦眞言淨地、戒指取水三誦三彈曼答心、

初總名世界、因起如俱舍頌云、空界大風起、傍廣數無量、厚十二洛叉、金剛不能壞、此名持界風、光音金藏雲、布及三千界、雨如車軸下、風遏不聽流、深十一洛叉、始作金剛界、次第金藏雲、布雨滿其內、先成梵王界、乃至夜摩天、風鼓清水成、須彌七金等、浡濁爲山地、四洲及泥犁、醎海外鐵圍、方名器界立、若依次第差別因起者、如因本經云、此大地厚四十八萬由旬、地輪依水輪、水輪依風輪、風輪依虛空、虛空依妄想、妄想依眞如、眞如無所依、水聚厚六十萬由旬、水上別有風、大吹轉於上、成金、如熟乳土生膏、名爲金輪、厚三洛叉二萬由旬、風聚厚三十六萬由旬、各廣無量、其大海中、有須彌山、出水爲大、小須彌山、即七金山、乃大須彌山之輔山耳、此名衆生世間、唯因迷妄而起、楞嚴云、一切衆生、本覺妙明、覺元心體、與十方佛、無二無別、由汝妄想、迷理爲咎、癡愛發生、生發徧迷、故有空性、化迷不息、有世界生、則此十方微塵國土、非無漏者、皆是迷頑妄想安立、若夫國土世間、國土者、即淨土也、爲從一切法空之理、隨定智力、應念而現、不涉籌量、如幻術力、刹那頃彰、大小染淨、隨心應量、如善財入彌勒樓閣、以三昧力具見莊嚴等事、忽然不見、問彌勒日、適來境界、從何處去、日從來處去、日從何處來、日智慧中來、依智慧神通而住、若隨法性、萬象都無、隨顯智力、何所不成乎、吹微細委釋世界因起、夫未兎形果者、故須託土以居、八地已上永脫色果、照體獨立、神無方所、用土奚為、然復現有染淨差別者、無非因時設化、接引群機耳、將建曼怛、先釋起竟、

結界咒

唵斡資囉烏怛葛啞吽 誦真言結界、以戒指於曼答上外園右旋作一圓相、結成曼怛辣界也

金剛地咒

誦時初觀空輪、於空輪上生起風輪、風輪之上生起水輪、水輪之上又生地輪、不觀火輪、攝於風水地三輪內故、風輪青色、高一百六十萬由旬、廣無邊際、水輪白色、高八十萬由旬、廣一百二十萬三千四百五十由旬、地輪金色、高三十二萬由旬、廣與水輪同、地輪者即是文中所謂大自在金剛地基、於其上面徧撒妙花、如是觀想、生起四大種輪、誦曰、

唵斡資囉金剛嚕嚩花米啞吽 加持花米、三誦三拈、想成光明種如如意珠、用以建立世界及諸供具、隨願所成、無不克就、

念真言時、手拈花米、於曼怛上右旋散洒、如空注雨、成此二山、

輪圍山 戒指於曼怛上作一外圍

即大鐵圍山

鐵圍山再於曼怛作一內圍輪圍山在外、鐵圍山在內、高六百八十萬由旬、此云限量、大由旬八十里、中六十、小四十、從廣隨應、或一四天下量、或小千量、或中千量、種種不定、彌牢堅固、金剛所成、難可破壞、一大千界、外總有座大輪圍山、高至四禪、範圍之內總名三千大千世界

金剛國土咒

唵斡資囉金剛哩噢劍輪啞吽誦真言七遍咒畢、收米、向左右拂去、

戒指取水於曼怛正中書吽字打一外圍作擁護想

金剛地勝金剛地基吽字而作擁護此成金剛界、勝金剛地基者、讚智力所現、不同衆生妄想也、此下悉仗吽字之力用、應念而成大千國土、盡在自性中、想成一一出現於曼怛之上、誦時觀想金剛地基周圍有鐵圍山環繞、黑色、長三十六億一萬三百五十由旬高廣各三百十二由旬四俱胝羅、正中間爲須彌山山山之間有七金山、七大海、金山海水層層相隔、海深八萬由旬、須彌山方形、水面下八萬由旬、水面上高廣各八萬由旬東面銀質白色、南面毘琉璃藍色、西面紅寶石紅色、北面

金寶黃色、山半四方有四天王天、各住一面、山頂空上有三十三天、日月星宿日夜繞山而行、

曼荼羅偈

南北東西四部洲　百千剎土亦能酬

拈米七粒安置中央想成須彌宮殿　餘粒撒去地下　次第拈米安曼怛

須彌頂上安宮殿　大地孤魂脫苦坵

世人恒言東南西北、蓋以五行之相生故、而又有云東西南北、乃約所用、第今所取坐南朝北、左東右西、以今壇式之所置故、若據座前受九界朝臨北位意法式故、而曼拏羅既在於前、則似面北、意敎行誠人當學佛敎、言四部者、是謂四州、各領所屬皆有部曲不錯亂也、百下三句顯同倫故、悉克遂知斯濟生會聆法歆食、俱獲解脫、謂今既於須彌頂上安立宮殿、不獨今此四洲獲益、抑能廣攝彼一切剎、悉成儔侶、亦爾超昇、由是故謂大地孤魂脫苦坵已、

曼荼羅供

唵引生唅白色即中方法界淨智一切語言道斷義也彌囉微即須彌盧氏云妙光明捺麻成就

義稱名義大須彌山

此翻妙高、山下根連住金輪之上、皆七寶所成、金銀琉璃、玻璃硨磲赤珠瑪瑙合成、下狹上闊、漸漸廣大、端直不曲、

最勝可觀、曲臨海上高八萬四千由旬、四面有四峯、一峯各有八天、中間一峯、名忉利天、天帝釋所居、即玉皇是、須彌山半、四面有四埵、名四天王天、又下三級、有堅首、持曼、常憍三天、是八部天神所居、須彌四維、各去百由旬、有七重紫金山

唵唅斯克徹麻彌囉微妙光光明捺麻

小須彌山七金山

各高七百由旬、其底平正、四寶所成、生種種樹、鬱茂花葉、多諸聖賢之所住處、一名雙持、二名持軸、三名擔爾、四名善見、五名馬耳、六名象鼻、七名魚嘴、又有七重香水海、一一吉祥、二醍醐、三酪、四酥、五乳、六酒、七蜜、一重紫金山內、一重香水海、一海遶一山、魚嘴山外、即是大海、名日鹹海、日月宮殿、遶大須彌山腰、常行不息、東始南中、西出北半夜、南贍部洲、正當午、北俱盧洲、打三鼓、六箇月北行、六箇月南行、每日行六俱奢、在閻提最極南垂、地形狹、近日過速、疾、冬則晝短夜長、漸向北行、日移六俱奢、當洲中行、地寬行久、夏則日長夜短、寒暑者、謂須彌半有伽提羅伽等山、日向北行、照觸彼山、則生熱惱、二山之間、有須彌留海、闊八萬四千由旬、日向南行、照觸彼海、則寒冷也、日以天金玻璃合成宮殿、廣五十一由旬、正方如宅、遙看似圓、風吹依空而住、日天子身光、照閻浮檀金輦、輦光照宮殿、光明相接、而有千光分照傍下、月天以銀琉璃合成宮殿、廣五十由旬、何故漸現、有三因緣、一者背相轉出、二者青衣諸

天、常伴月中、隱蔽其宮、三者日光障奪、漸漸而現、若日隨月後行、至二十日、覆月都盡、名爲晦日、若日在月前行、月隨見開淨、至十五日、具足圓滿、日月相望、名爲望日、朔者、甦也、謂月死而復甦故、星者、最大寬一由旬、小者廣二十里也、復有竔伽羅山、闍十二由旬、楞伽等山、併諸海水、及與林池空地、不及枚舉、次復有海、名禪那迦闍、千由旬、百寶間錯、海中湧出宮殿、七寶合成、高十由旬、轉輪聖王宮殿隨身、此中海道、自然涌出、與水齊平、即金輪王出世、有三十二相、具足八寶之所輔焉、次有雪山、高五百由旬、四寶所成、四面金峯、挺出山外、高二十四由旬、中有高峯、衆寶間錯、迫然秀出、於彼山頂、有阿耨達池、池東有恒伽河、從象口出、共五百河、流入東海、池南有辛頭河、從牛口出、共五百河、流入南海、池西有縛芻河、從馬口出、共五百河、流入西海、池北有斯陁河、從獅口出、共五百河、流入北海、總此四海、共一醎味、名爲醎海、中有四大部洲、八中洲、八萬小洲、只一世界耳、萬億須彌、并諸大海、方名大千世界、

唵巖字種赤色東方大圓鏡智一切法乘不可得哺兒斡最微勝的葛耶神捺麻

東勝神洲

唵巖的葛耶神捺麻　小勝神洲

唵巖微勝的葛耶神捺麻　勝勝神洲

東方勝神洲、虛空海水俱是白色、地形半月、東面長三百五十由旬、南西北三間各長二千四旬、名勝神者、此州人體高於南洲人一倍、故小勝神洲在東勝神洲之南、勝勝神洲在東勝神洲之北、地形色相與東勝神洲同、惟面積稍小、水中土基皆與本洲相連、

唵嚂字一種黃色南方平等性智一切法相不可得咱哺勝金的發耶纖樹捺麻南贍部洲

唵嚂沙茶耶詔勝捺麻詔勝洲

唵嚂烏答囉最勝曼的哩適意尼耶捺麻最勝洲

南方贍部洲、虛空海水俱為藍色、地形三角、東西北三面各長二千由旬、南面長三百由旬、四俱胝羅、名贍部者、此洲有贍部樹、果落於水、其聲贍部、又云閻浮提、詔勝洲在贍部洲之西、最勝洲在贍部洲之東、地形色相與贍部洲同、面積稍小、水中土基與贍部洲相連、

唵囕字一種綠色西方妙觀察智一切法離諸塵染啞呧羅取與孤答尼耶牛捺麻西牛貨洲

唵嚕拶麻囉耶拂捺麻　小拂洲

唵嚕斡囉妙拶麻囉耶拂捺麻　妙拂洲

西方牛貨洲、虛空海水俱為紅色、地形圓、周圍長七千五百由旬、名牛貨洲、牛貨者、此洲以滿欲牛為受用主、交易以牛為準、小拂洲在西牛貨洲之北、妙拂洲在西牛貨洲之南、地形色相與牛貨洲同、而面積稍小、水中土基與牛貨洲相連、

唵鏤字種黑色北方成所作智一切法因不可得烏答囉孤囉微捺麻　北俱盧洲

唵鏤孤囉微行捺麻　小行洲

唵鏤葛囉斡耶捺麻　勝道行洲

北方俱盧洲、虛空海水俱是黃色、地形四方、各面長二千由旬、人俱壽千歲、無貴賤貧富之分、名俱盧者、惡聲意、此洲人將死、必聞惡聲、自傷悲感、梵云鬱單越、或譯最勝、或譯惡聲、小行洲在俱盧洲之東、勝道行洲在俱盧洲之西、地形色相與俱盧洲同、面積稍小、水中土基與俱盧洲相連、依人王經云、此南閻浮提、一洲十六大國、二千中國、十萬

小國、楞嚴云、此閻浮提、有三千洲、正中大洲、大國凡有三千三百、其餘小洲、在諸海中、其間或有三兩百國、乃至或一或二、經旨雖殊、當以神契、幸勿泥也、一界既然、而大千同一成壞、所有差別、舉一以列諸方、今以大千總為曼怛、隨成一界、萬億須彌四天下同時成立、於中皆是眾寶所成、微妙莊嚴、莫不具足、而先必仗吽字擁護者、是字即菩提心因也、以有此字為因、恆沙功德、依之而生、豈為山洲眾寶、而不隨之變現耶、又一切魔羅不能為礙、故仗之作擁護、俾我作法速得成就、於中大小二山四洲八中隨念真言、一遍、手拈花米、於曼怛上、次第排列、應念而成就、無有不然也、既頓變國土、已不可無鎮國之寶、故以金輪王八寶而嚴飾之、

唵巖種字葛拶 象 囉的捺耶 寶 捺麻 象寶

轉輪聖王為太子時、年既長大、堪紹王位、受灌頂其時夫人於正月十五日、手執金瓶、取四大海水、灌太子頂、爾時太子沐浴齋戒、受王職位、高陞宮殿、臣僚輔翼、八寶自至、王四天下、象寶者、即八寶中之一也、名金剛身、此寶能知王意、其欲乘時即現其前、膚色光白、如雪山王、莊飾殊特、力敵千象、行步平正、其疾如風、一日之間能繞閻浮三匝、其性柔知、不損有命、於水陸空皆能遊行、以勝敵軍、具足六牙、牙有浴池、池外有玉女作樂、池中之水冷煖隨意、此為寶也、想於東南方供之、

唵囕(字種)噜嚕沙哳(主藏)囉的捺耶、寶 捺麻 主藏寶

此名大才、即文臣也、世間文字、無不通達、先王典籍、皆熟覽無遺、綱紀國政、輔佐聖君、又復能知伏藏、隨王所需、皆得滿意、財寶豐富、無有缺乏、無諂曲心、及損害意、慈悲愛護、令人生喜、於諸世法、以及佛法、處理公正、彼眼能見百由旬內、如王索眞陀羅尼、唯智臣能解、故稱爲寶也、想於南方供之、

唵囕(字種)斡節 馬 囉的捺耶 寶 捺麻 馬寶

此名迅疾風、色白體高、身相圓滿、平穩無比、一剎那間、周行四天下、又復能於一切時中、一剎那頃、周行塵方、不生疲厭、其鞍轡等、色以天寶莊嚴、故稱寶也、於西南方供之

唵鑁(字種)斯的哩(美女)囉的捺耶 寶 捺麻 女寶

此名具妙德、端正殊麗、有傾國之色、肌膚鮮白、猶若冰雪、冬溫夏清、離女五過、具八功德、身口皆香、視之可愛、觸之生喜、與之相處、無有飢渴憂苦等事、無大小便、能生千子、巧慧聰辯、適王娛樂、有此殊妙、故稱寶也、想於北方供之、

唵巖(字種)葛吒葛(征將)囉的捺耶 寶 捺麻 將軍寶

此名離垢眼、即武臣也、威猛雄厲、有蓋世之雄、不行非法不損害他、恭事輪王、心無煩厭、身無疲倦、能知王意、統制

四軍善巧軍戰、若四天下、衔有抗違王制者、此寶一至、自然肉袒歸降、傾心向服、故稱寶也、想於東方供之、

唵藍種字吒吃囉輪囉的捺耶寶捺麻 輪寶

此名無礙行、以轉輪聖王、灌頂受職之時、爾時東方忽有大金輪現、其輪千輻具足轂輞、金輪寬一由旬、衆相圓淨、來應王所、因知此王、定是金輪王、於四天之下、欽仰聖王、望風而化、垂衣拱手、無爲而治、是輪能容四軍之衆、一日能行十萬由旬、乃至上昇忉利、設若云、王欲游行輪即前導、王念飲食、輪即停住、王意進趣、即知所在、一時普遍、威伏一切、是稱爲寶也、想於南方供之、

唵藍種字麻尼如意珠囉的捺耶寶捺麻 如意寶

此名光藏、即摩尼珠、是金翅鳥王之心也、毗琉璃所成、其形八楞、放五色光、照五百由旬、冬煖暑涼、百由旬無有不時死等諸不祥事、比所希求、皆能滿足、圓明映徹、能雨衆寶、龍得之而鎮海、鳥無能害、王得之而鎮國、百寶具足、并士庶熙和、萬邦咸寧、稱爲寶也、想於西方供之、

唵鑁種字麻曷聶答捺耶多藏聚寶藏義捺麻 寶藏瓶

乃貯寶之器、又能出生衆寶也、瓶爲金貫異寶校飭、長頸大腹、如意樹枝以爲莊嚴、天衣爲覆、一切寶物悉在其中

想於北方供之、

唵啞（金字色種）斯哩牙耶（日宮）捺麻 日宮

唵藍（白字色種）昝的囉耶（月宮）捺麻 月宮

前已廣釋、日宮想於東方供之、月宮想於西方供之、

唵啞（白字色種）吽捺麻（按梵本云察怛羅耶、此云寶傘）衆寶傘

即寶蓋也、衆寶所成、柄爲寶玉、頂如毘琉璃白色、妙衣爲傘、上有千輻金輪、諸寶瓔珞交相垂綴、王若出入、即蓋其頂、懸處虛空、終不墮落、想於南方供之、

唵薩哩斡（字種赤金色、義云一切）囉的（寶）毘藥（尊勝幢）捺麻 尊勝幢

即庭前所竪之高幢也、建此幢者、顯法尊勝、人天仰之、爲宗外道望之而服、又幢者幢旗之屬、刊定記云、幢有七義、約之爲五、一高顯義、二建立義、三歸向義、四摧殄義、五滅怖義、此幢天物、妙衣所成、白色寶石爲柄、牟尼寶爲頂、形似雲月、上置三鈷金剛杵、周匝寶鈴、出微妙音、有三寶帶、三獸莊嚴、想於北方供之、已上一切供具、皆是無上心所成、無作法所印爾、

佛智隨喜眞言

唵引起室吉祥哩麻忒海雲斡資囉金剛孤嚕遮那佛拶囉轉法輪捺葛麻

囉耶沙門僧三藐克答普徧供養捺哩斡發無不生起薩拏一切葛囉耶我所

作者吽出生捺麻成就義禮供義增益義敬愛義

此名佛智隨喜眞言、上來雖有山洲諸寶、尙無宮殿樓閣、園林池沼、衣服珠玉等、故念此眞言、加持花米、徧灑曼怛囉上、想所落寶米、悉成無上諸莊嚴具、如空注雨、相續不斷、供上師三寶、中圍佛會、復拈花米、向灑虛空、念云、

人天所有種種供物三誦三拈米散灑虛空想悉成種種供物

誦時觀想一切人天富樂五欲塵境、八寶八珍、八吉祥等、悉皆充滿、須彌山等各各堆上、各有蓮花盛開、二十五莖、一一蓮上有普賢菩薩合掌捧寶、寶上復有蓮花爲二十五莖、一一蓮上復有普賢菩薩合掌捧寶、如是重重無盡、遍滿虛空、所有供品、俱是自他一切有情三世善根之所化現、盡世所有、一切供養、莫不具足已、

加持寶錯

左手持錯、右手結三尖印、三誦呪三拽印、三鳴指、遣魔使空、

唵斡資囉金剛拽屹徵劍輪吽遣除

心月輪上想黃色得浪字中放光、利益有情、

唵斡資囉金剛薩答拃啞吽錯安左掌中、右手拈米撒寶錯上、以加持之、俾用之時得無障礙也、

唵啞吽以三字咒總持三遍、向空撒米、成諸珍寶等供、

凡作印者、從右手小指數起、施戒忍進禪、又左手小指起、慧方願力智、是爲十度、方可作印、故不錯也、左手持於寶錯、右手結三尖印、想印中赤色、吽字出火光、念吽吽發怛、彈指三下、遣其魔礙、次念唵厥觀、一厥字徧空、然後入觀、復想黃色得浪字、放光成寶生佛、禪押戒度頭、施忍進申直、結施印、亦名普通吉祥印、利益有情、夫寶錯者、乃得浪字之所變也、經云、此字具四種義、一多字門、即眞如不可得義、二囉字門、即離塵義、三阿字門、即一切法本來寂靜義、四莽字門、即一切無我義、謂此心若與眞言相應、能令身心無礙、猶如虛空、凡有所求、最速成就、一切伏藏、悉得現前、所以云、因陁羅尼、寶能滿衆生希求願、故將欲此寶滿我所願、當於空性中、觀心月輪上光回、得浪一念、變成寶錯、錯之念眞言時、將錯數下、想寶錯內、出生無盡、諸天如意、珍寶等雲、間錯雜綵、盤旋虛空、而奉獻之、問、前由心月嚂哇字、增長自性成觀音、今以此處復觀得浪字、而又變作寶生佛、一身尚更改不定、焉能主法利生也、答、普門品云、應以佛身得度者、即現佛身而爲說法、應以菩薩聲聞天龍八部、乃至異類之身、而得度者、即皆現之、而爲說

法、又豈有一定之拘哉、不然何得稱爲普門示現、所以向下作法、更易身色處最多、如在七寶如來時、即現身爲七寶如來也、

寶鎧偈

（雙手持鎧抄米平舉）

四寶所成須彌峯　神洲並及小洲等
日月八寶爲妙供　我今奉獻無上尊（鎧斛並交曼答心）

首三句頌示讚供物、後末一句頌今虔獻、須彌四面各有一色、東黃金色、南琉璃色、西白銀色、北頗梨色、隨其方面水同山色、微妙供者、若論器界悉七寶成、可謂微妙、焉六供耶、良由行人觀介爾心、如空無依、於空性中觀察運想、想成世界、純是七寶、此即自心、現諸供具、積集圓滿、持如是等一切妙物、以無我心、四面供養三寶中圍、

寶鎧眞言

（默念七遍）

唵斯麻囉（一切勝妙離垢光明）斯麻囉（一切勝妙離垢光明）嵍（重垂無盡）嘛曩（增長如意）斯葛囉（一切我所作者）摩訶（末遍至此）（大乘）㩴（出聲）葛囉（金剛輪壇）吽（擁護義）

誦眞言時、想寶生佛一念變成此寶鎧、諸魔見此降魔之具、咸皆消散、寶鎧之中出生無盡諸天如意珍寶、奉獻上

師三寶護神等、

散花米眞言

唵引道薩嚩妙不答出生囉的捺珍寶吽湧出義

三誦三撒米、想所落寶米、悉成種種宮殿、園林池沼、傘蓋幢幡、衣服瓔珞、如意寶珠、莊嚴等具、如雨注空、相續不斷、供養上師三寶中圍佛會賢聖等、

獻曼荼羅偈

諦想清淨廣大曼答辣　四洲充滿無量諸珍寶
一一皆如妙高摩尼聚　奉獻上師三寶願安住
我今依敎建立曼答辣　量等虛空金剛爲寶地
字字密言惟心之所成　須彌日月七寶四天下
衣服傘蓋技樂幢幡雲　寶座珍饈樓閣並宮殿
池沼園林名花普偏布　奉獻上師三寶護神等

惟願慈悲納受生歡喜　屏除魔礙集福施安寧
今宵施主所求皆如意　盡未來際吉祥無間斷
(此第二獻也偈文最極顯者不必瑣釋)

曼荼羅眞言

唵薩哩斡(一切)答塔葛達(如來)囉的捺(壇寶)麻曷(大)曼答辣(輪壇)布拶銘葛(供養雲)薩謨的囉(海)斯發囉納(普結奉請)三麻啞(專注獻上)吽(無生緣起)

音樂眞言

唵斡資囉(金剛)看支曳(鈴)囉納囉納囉納(請召)不囉囉納不囉囉納(光明)(請召)三不囉囉納三不囉囉納(正大光明請召)薩哩斡(一切)孛答(佛)赤的囉不囉(明行足)拶哩答(世尊也此三句佛寶)麻曷(大)不囉尼牙、(畧云般若此云智慧)巴囉蔑答(即彌羅密多此云到彼岸)那達速巴微(捶趣)薩哩斡(一切)答哩麻(法)芞哩達耶(心此六句法寶)傘多沙納(即沙門此云勤息)葛哩(即闍黎此云軌範師此二句僧)

寶吽吽發吒（字種通義）開莎訶（圓成）

大輪明王偈

先結大輪明王印　加持壇場悉清淨
我今依教誦密言　令此所作皆成就
（依教者乃甘露軍荼利菩薩念誦儀教持咒密言、令我所作廣大宮殿勝妙莊嚴、皆悉成就、無諸障礙也、）

大輪明王咒

默念大輪明王咒七遍（二手內相叉、進力頭相豎、二中指度二頭指、二大指直豎、當胸想面前空處現一金色⿰口普⿰口萑字變成華嚴勝妙宮殿、諦真言曰、）

捺麻（皈命）斯得哩野（別指彌勒菩薩姓也、翻云慈氏、通指菩薩明王名也、義云淨妙德、）脫夷葛

南（別指阿逸多菩薩名也、此云無能勝、通謂一切聖賢號也、義云世間尊衆、）薩哩斡（一切）怛塔葛達

南（如來）唵微囉積微囉積（種種光明遍照十方）麻曷（大）拶葛囉（輪）斡資哩

斡資哩金剛薩怛薩怛大勇識者薩囉諦薩囉諦微妙通悅得囉夷得囉夷淨妙寶壇微馱無比妙善麻尼離垢潔淨三攀翻護戒體拶納彌手掌灌洒得囉淨壇麻彌的解脫席塔成就屹哩心得蘭顏身席提脫夷慈無能勝莎訶圓滿

默念七遍、應想面前空處離身七肘、高八肘、現一金色唵嚕字、此字名莊嚴一切佛剎大智大輪金剛三摩地、一入此定、能變勝妙宮殿、當以大千國土合為一國土、以此國土融成一宮殿、一一莊嚴及諸供具、如華嚴云、各有阿僧祇數勝妙樂事、問上來點淨淨地并建曼怛、皆有壇場宮殿及諸供具、又何得重復耶、答上來所作但是建立、似有彼此之分、未齊平等之境、若不和會融成一土、難彰至理、所以此楞嚴會上世尊從面門上放種種光、其一光晃耀如百千日、普佛世界六種震動、如是十方微塵國土一時開現、佛之威神令諸世界合成一界、正表妄想凝結則一國土殊分、真智一起則法界圓現、今融世界亦如是也、但除妄想、國土自如、況藉神咒之力、何患而不成也、初是翻染顯淨、次是從空現假、今是融世界而為宮殿、令宮殿之量等彼大千、廣闊無際、重重無盡、方堪容受無邊聖賢也、既己莊飾宮殿、然後迎請諸聖、故先伸偈禮請也、

發菩提心

衆等發廣大心　南無歸依金剛上師
歸依佛．歸依法．歸依僧．我今發心．不爲自求．人天福報．聲聞緣覺．乃至權乘．諸位菩薩．唯依最上乘．發菩提心．願與法界衆生．一時同得．阿耨多羅三藐三菩提

行者又當激勵大衆、發菩提心、次則皈依三寶、發最上心也、人天福報三界有漏之因果、聲聞緣覺孤調解脫、唯求自利不顧本群、權乘即藏通教、大乘圓教修六度等最上乘、即佛乘也、阿耨多羅此云無上、三藐此云正等、三菩提此云正覺、正言發此大願、不專爲己而求人天小乘菩薩之果、願與法界衆生一時同得此無上菩提之道、既發菩心然後請十方諸佛轉大法輪、令彼一切衆生聞此法已、己、然後頓破無明、開發其本有之覺性而自然成無上菩提、

請三寶偈

稽首十方調御師　演揚清淨微妙法
三乘四果解脫僧　願賜慈悲臨法會

稽首者、以首至地稽延少時、總持能皈三業、意起欽承感佛他心通、身首作禮、感佛天眼通、口稱名號、感佛天耳通、

十方調御、佛寶也、演揚一句、法寶也、三乘一句、僧寶也、
慈能與法性之樂、悲能拔無明之苦、臨法會者、正請也、

請三寶文

奉請三寶　　香花迎　　香花請

南無一心奉請。盡十方遍法界微塵剎土中。諸佛法僧。金剛密跡。衞法神王。天龍八部。婆羅門仙。一切聖衆。惟願不違本誓。憐愍有情。此夜今時。光臨法會。

此是顯請、次則以心光密請、既已殷勤三請、諸聖豈得不臨、當現所建壇儀而奉獻之、

請本尊偈

香花迎　　香花請

羅列香花建寶壇　重重佛境一毫端

星羅布列名香鮮花、建此勝妙衆寶之壇、重重無盡之佛境、皆現我一毫端中、不相妨礙也、而毛端不大、佛境不小、而能週徧含容、互無障礙、猶如一尺之鏡、現千重影、此即事事無礙境界、廣狹無礙、自在門也、經云、於一毫端現寶

王刹、坐微塵裏、轉大法輪、帝網鏡珠、隨意遊入、依正大小、隱顯互映、此非智巧所能、蓋爲法應故爾、

心融妙理虛空小　道契眞如法界寬

此二句讚法身德、謂心與一妙理融會之時、即見法身廣大無際、反觀世間虛空、如海一滴、楞嚴云、爾時阿難蒙佛如來微妙開示、身心蕩然、得無罣礙、是諸大衆、各各自見心徧十方、見十方空、如觀掌中所持葉物、此其義也、道者智行也、謂此智行若與眞如貼體契合、則見法界之性、竪窮三際、橫遍十方、寬廓無涯、如人入海、愈見深廣也、此是理法界意、

相好慈悲秋月滿　化身騰處暮雲繁

此讚報身般若德、夫佛報身、身有無量色、色有無量相、相有無量好、慈悲喜捨等、皆悉具足、如同秋月圓滿無缺也、此讚應化二身解脫德、言佛之化身、徧歷十方、應機六道儼若晚暮之雲繁興鼓躍、任運騰騰、駿驟無可承攬矣、此二是事法界、

香烟堆裏瞻應現　萬象森羅海印含

佛之三身、神妙莫測、有求皆應、無願不從、寂然不動、感而遂通、我今香烟堆裏瞻望應現色身、而降赴也、猶如海含

萬象、分明顯現、如印成文、不假先後、古德云、澄潭瑩淨、明鏡空懸、萬象森羅、廓然虛鑒、今則信心懇切、一切湛寂、則千聖貞歸、萬靈交會、豈獨三壇主乎、此二是理事無礙法界、意正請之文也、

請本尊文

釋迦如來　釋迦如來　證盟功德

娑婆教主、現在賢刦第四佛、梵語釋迦、此云能仁、謂能有仁慈惠濟衆生、梵語牟尼、此云寂默、永寂二邊、默契中道、如來者、謂從如中而來、故名如來、乃是然燈佛授記之號、今請證盟者、我今依教作法、佛必印可也、

彌陀如來　彌陀如來　同垂加護

觀世音菩薩　觀世音菩薩　慈悲攝受

此如前釋、是甘露教主、請求密垂加護、俾所作成辦、

印現曼荼羅偈

謹依瑜伽教　建立曼荅辣

惟願三寶尊　慈悲哀納受

唵斡資囉（金剛）拶嘁囉（輪壇）吽（出生）拶（鉤）吽（索）哪（鎖）斛（鈴）

印現壇儀

千手眼修行儀云二手各作金剛拳施進慧力相鉤胸前微動誦眞言云

雖現壇儀、意兼密請、謂上所建曼恒在於印上一時顯現、如印成文不假先後而成也、正所謂森羅及萬象一法之所印現而獻佛者、正如法華云、諸梵天等各持宮殿奉獻於佛、勸請世尊轉於法輪之旨、同也、據建壇儀云、若無壇無佛、應結繞發意轉法輪菩薩印、今將請佛說法、須結此印、先現壇儀也、次請佛念唵斡資囉拶嘁囉吽拶吽哪斛、手作金剛拳、施慧進力相鉤對當胸、應觀心月輪上白色紇哩字放光、至色究竟天、請智觀音、此天是等覺菩薩成佛之處、色身最極高大、六十四萬由旬、菩薩來入道場、放無量光、先請十方三寶及顯密護神等、即普集己互相放光交光相羅、如寶絲網、輝煌晃耀、瑞所希有、悶凡教中皆以果為主、因為伴、今觀音放光召請諸佛、何以因為主果為伴耶、答此有二義、一行者以觀音為所緣熟境、今先契此境是因、該果也、二此菩薩是過去威德自在光明如來、退位度生、雖則示因元果位也、觀音本稱悲今稱智何也、非智不能運悲、故曰拶吽哪斛者、即鉤索鎖鈴之四攝也、鉤召也、索引也、鎖留也、鈴適悅也、此名四轉輪印、若表法而論之、即有布施愛語利行同事之四攝法也、經云、先以欲鉤牽、後令入佛智、如婆須密女執手抱身心月淨吻昏唼舌戒、珠圓、約一法而言、若同事攝化、隨其所作、漸漸引

入佛智、此即同事攝化之鈎義也、隨彼求索、或法、或財、而
罄捨之、終無悔恨、此即布施攝化之索義也、導以善行、令
彼關閉諸惡趣門、此即利行攝化之鎖義也、無礙辯才善
巧隨順軟言愛語而獎誘之、令其入道、此即愛語攝化之
鈴義也、所以諸佛住世、必以四攝而化衆生、故回
向偈云、願我得證無上道、以四攝法救六趣也、

誦三十五佛

即現十方國土
說法度生也

毘盧遮那偈

毘盧遮那佛　願力周法界
一切國土中　恒轉無上輪

意明諸佛各於其國出廣長舌相而說法也、法而曰輪者、
尚輪者有推礙運轉之義、謂轉此法入衆生心中、推破煩
惱、礙碎無明、轉凡成聖、運至於涅槃彼岸也、又曰、恒
轉者、正塵說、剎說、熾然說、皆遮那本願使之然也、

普供養第七

心經

大衆默念心經一遍

此正應轉法輪之意、於此必念心經者、蓋謂三藏十二分敎千七百則公案、莫不欲此人直下明此心、達此心也、當體是佛、瑞應經云、其得一心者、則萬邪滅矣、又心者喩也、如人一身遍體以心爲主、今八部般若六百雄文、蓋以心經爲般若爾、如云是故空中非但無五蘊等法、即諦緣智理出世間法、若眞空實相之中、皆不可得、設有一法過於涅槃、吾亦說如幻夢、故般若如大火聚者也、是知此經乃諸佛之母、萬行之源、若轉此法、能度一切苦海、菩薩依之修行、則能離惑業、若究竟證無住涅槃、三世諸佛依般若故、得無上菩提、以此觀之、出生死入涅槃、由斯道也、大哉心光、智不能知、識不能識、謂之大神、陰陽不能籠罩、謂之大明、更無有超於其上者、謂之無上、非但一切諸法不能與等、且能等一切法、等一切生、一切平等無有高下、謂之無等等、等咒能除二種生死苦、轉依三德秘密藏、眞實不虛、復說密咒以助顯焉、有此妙利、超勝餘經、若有聞法者、無一不成佛、以滿上來所發大願、云法界衆生一時同得菩提之謂也、華嚴云、身爲正法藏、心爲無盡燈、照了諸法空、名曰度衆生、

召請六道偈

啓告十方　一切諸佛　般若菩薩

金剛天等　及諸業道　無量聖賢

此一文之中、正敘施食本意、原始要終、分爲四段、此六句正啓召聖賢矣、

我今衆等　以大慈悲　乘佛神力　召請十方

盡虛空界　三塗地獄　諸惡趣中　曠劫飢虛

一切餓鬼　閻羅諸司　天曹地府　業道冥官

婆羅門仙　久遠先亡　曠野冥靈　虛空諸天

及諸眷屬　異類鬼神

此申己意、以慈悲心、仗佛威神之力、召請六道衆生也、

惟願諸佛（問訊）　般若菩薩　金剛天等　無量聖賢

及諸業道　願賜威光　悲增護念

此願諸佛聖賢舒大威光、與悲愍心、護念於我、令我隨心得滿願也、

普願十方　盡虛空界　天曹地府　業道冥官

無量餓鬼　多生父母　先亡久遠　婆羅門仙
一切冤家　負於財命　種種類族　異類鬼神
各及眷屬　乘如來力　於此時中　決定降臨
得受如來　上妙法味　清淨甘露　飲食充足
滋潤身田　福德智慧　發菩提心　永離邪行
歸敬三寶　行大慈悲　利益有情　求無上道
不受輪迴　諸惡趣果　常生善家　離諸怖畏
身常清淨　證無上道　自己問訊置爐趺坐運獻供養

此正申其施食之願如此也、普願法界衆生、於此時中乘如來力、決定降臨享飡甘露、發廣大心離惡苦果、證無上道利樂一切有情也、

請應供偈

十方一切刹　諸佛菩薩衆　無量諸聖賢

及諸業道官　惟願大慈悲　降臨於法會

攝授（花香燈塗果樂）微分少供養（拈米向外散灑）

六供養

吽字溢出花天母　一面四臂放光明

上二手印持妙花　下二手印輪相交

吽唵啞吽唵麻呢吽紇哩

妙花天母供養佛　願我佛慈悲哀納受

吽字湧出香天母　一面四臂放光明

上二手印持妙香　下二手印輪相交

吽唵啞吽唵麻呢吽紇哩

妙香天母供養佛　願我佛慈悲哀納受

吽字湧出燈天母　一面四臂放光明

上二手印持妙燈　下二手印輪相交
吽唵啞吽唵麻呢吽紇哩
妙燈天母供養佛　願我佛慈悲哀納受
吽字湧出塗天母　一面四臂放光明
上二手印持妙塗　下二手印輪相交
吽唵啞吽唵麻呢吽紇哩
妙塗天母供養佛　願我佛慈悲哀納受
吽字湧出果天母　一面四臂放光明
上二手印持妙塗　下二手印輪相交
吽唵啞吽唵麻呢吽紇哩
妙果天母供養佛　願我佛慈悲哀納受
吽字湧出樂天母　一面四臂放光明

上二手印持妙樂　下二手面輪相交

吽唵啞吽唵麻呢吽紇哩

妙樂天母供養佛　願我佛慈悲哀納受

此從心間嚨哩字種、放光出生六箇吽字、各具一色、花燄紅色表布施、令人生歡喜、香黃色表持戒、令業行芬馥、燈紅赤色表忍辱、轉嗔恚火成大光明、塗白色表精進、潤澤法身、果紅黃色表禪定、成就佛果、樂青綠色表智慧、能出生種種法、故此六天母皆以六波羅蜜爲體、一面四臂、上二手各持一供、下二手輪相交、窈窕美貌、展左跪右而作舞勢、奉獻諸佛、間以三字咒者、加持諸供、令徧滿恒沙諸國土也、

獻供偈

因緣自性所出生　所有種種微妙花香燈塗果樂

奉獻上師三寶尊　惟願慈悲哀納受

因者各有種子、緣者藉事顯發、自性出生、非外有也、復念眞言結印者、別彰華梵顯密云爾、問果有此天母耶、答、此之天母乃喜金剛中圍內有之皆佛母文殊普賢之壽也、皆從毘盧智用流出、即前三十七尊內數也、問、塗是何物、

答、是塗身香水也、

供養咒

戶唵薩哩斡一切怛他訶誐多如來布思必花度必香啞嚕吉燈干的塗你微的果捨不答樂布撥供養銘葛雲三謨的囉海斯發囉納普結奉請三麻啞專注獻上吽無生緣起

五供養菩薩摩訶薩

運心供養偈

我以普賢行願力　修設花香燈塗食

微塵剎土諸聖賢　一一徧禮皆供養

此出華嚴經普賢廣修供養、普徧塵剎、禮拜供養諸聖賢也、既欲修此供養如普賢之行願、普週法界、必當運其一心、然後方如法也、上來詣供皆非法供、即當用心方為法供也、淨名云、諸供養中、法供養最、又行願經云、縱有種種供養常供於佛、不如法供為最、法供者、即菩提心也、何以故、以諸如來尊重法故、若諸菩薩行法供養、其功德不可爲喻、又般若云、若以一食及一衣、花米纓絡燈燭幢旛等供養於佛、各如恒河沙數諸佛及僧、當學般若波羅蜜、般若者即實相般若、是本具心光也、以供養功德在心不在事、若以一食大心悉供十方諸佛、不以遠近爲礙、是故諸佛皆見皆受、所以世出世間無過此心爲最、萬善普會、千聖共揚、若運之以作供養、是名眞如法供養也、

運心供養印

誦七遍、其印二手外相又、合掌以右壓左置頂、

曩謨（敬皈）薩哩斡（一切）答塔葛達（如來）毘牙（最勝）月說穆契（作事業）毘牙

（最勝）唵（引生）薩哩斡（一切）哩塔（出生諸供）烏忒葛（的無斷）斯登囉納（普皆供養）兮

幔（徧滿）葛葛捺（虛空藏）龕（出供字種）莎訶（疾成）

誦眞言時應觀印上有金色唵字、即法身眞理、流出人天所有妙塗花香燈明幢幡傘蓋鼓樂歌舞眞珠羅網懸諸寶鈴、華鬘白拂、微妙聲鐸、羚羯尼網、如意珠寶樹衣服之雲、天諸廚食、上妙香美、種種樓閣、諸天嚴身頭冠纓絡、如是等雲、行者想滿虛空以至誠心而爲供養、

遣魔偈

我以志誠心　奉獻甘露食

惟願三寶尊　遣魔哀納受

遣魔印　次奉三寶施食、先結三尖印、禪押施度頭、戒忍進疏伸、念云

唵斡資囉（金剛）拽（拽印）吃徹（劍輪）吽

此繼之以施主家三山斛食而供養之、以顯非廢事專理、獨擅觀門也、先結三尖火輪印誦眞言時、應想掌中有赤色吽字、三腳放光、從三尖出作搖扇勢、遣食器、魔、問、食有何魔、答、以食有尋香施食等魔、故遣之、

變空偈

我以佛神力　依教誦密言

加持甘露食　遍滿虛空界

以欲變空、先申此偈、問、既是萬法隨我使之有無、一切不能有無於我、何得又言承佛神力方得此食而滿也、答、若非諸佛不思議力、焉能隨心轉變、化有歸無、從空現假、即當知神力者、即咒中之欸字也、此欸字名一切如來正覺不動智、變化金剛三摩地、一入此定、則不動本智契本覺眞空無相之理、中道觀也、所以正覺者、無分別理也、不動智者、無分別智也、金剛者、喻能斷惑也、以金剛能斷惑故、空觀者、變化也、謂化有歸無、從空現假、假觀者、舉一即三、

言三即一、故曰三摩地也、

變空咒印

二手虛合掌如蓮花、遍滿樓閣、溥在虛空中現、

唵莎發斡勝妙自性秫塔清淨薩哩斡一切塔哩麻法莎發斡勝妙自性秫

徒清淨敓生徧唵啞吽三字種念唵阿吽廿一遍、念捘吽邦斛三遍、施寶錯伸五供養、諦眞言時觀一白色敓字、飛在食器上、使其頓空、極令清淨、如火燎枯草、滅盡無有餘、於其空處應觀三箇嗜𠻴金色字、變成七寶鉢盂、盂中有白色唵字、流出勝妙飲食、皆乳酪醍醐及麵蜜等味、默淨念唵啞吽二十一遍、加持極令廣大、正應偈中云、加持甘露食、徧滿虛空界、復申四轉輪印、捘吽邦斛想前來所請三寶海會分明顯現、再伸五供、施寶錯運心等印咒、將上次第所成諸供、於此一時而奉獻之想三寶歡喜攝受、問要空此器及諸食者何也、食乃欲界段食、器即銅錫磁木等器、諸天尚厭、況世尊乎、今則遺其粗而變其妙、方堪奉上諸聖賢也、次則結印而奉獻此食、

奉食偈

以此甘露食　奉獻諸聖賢

憐憫我等故　慈悲哀納受

奉食印 二羽相台、如掬水勢、念咒三遍、彈指三次、

唵啞葛嚕穆看不空成就佛寶也就薩哩斡切一塔哩麻南法寶啞牒耶奴

忒班答奴賢聖衆　唵啞吽三身供養發吒開徧彈指莎訶成就

此以二手作掬水勢而奉上來七寶缽盂、貢獻甘露、每念眞言一遍、各彈指一聲、初一分奉佛并法、次一分奉菩薩聖僧、後一分奉顯密護神、以表一彈指頃持一食而遍供恒沙諸佛、耳并取警覺去塵義、如法華云頃咳一彈指聲震動大千也、次振鈴念奉食偈、仍分三分、求索願事、奉食後復讚者、正明三寶是人間最勝福田、應受人天供養也、

奉食咒願偈

我今奉獻甘露食　量等須彌無過上
色香美味遍十方　上師三寶哀納受
次供顯密護神等　後及法界諸衆生
受用飽滿生歡悅　屏除魔礙施安寧

今宵施主眷屬等　消灾集福壽延長
所求如意皆成就　一切時中願吉祥

瑜伽燄口施食要集詳註

明古杭雲棲山沙門袾宏補註
菩薩戒優婆塞演濟重治

下篇　悲施分

入定第一

禮三寶偈

世尊大慈妙莊嚴　明解圓滿一切智

世尊者十號之總稱、大慈者萬德之首也、妙相莊嚴者、即百福莊嚴相也、明解者謂世出世間無不了知、法華云、如斯之事、如來明見無有錯謬、約如理智也、楞嚴云、松直棘曲、鵠白烏玄、皆了元由、乃至恒沙界外一滴之雨、皆知頭數、此約如量智、權實並施、故云圓滿一切智也、上句歎功德屬福足、下句讚智解屬慧足、兩足既尊、應受人天供養、應作四生師範、故能施福慧也、

能施福慧如大海　於諸如來我讚禮

應施福者、與之福、應施慧者與之慧、猶如大海、修羅飲之亦飽、蚊虫飲之亦飽、不以百川普會而增、不以萬派裂分而減、不以魚龍鼓之而濁、不以珍寶聚之而清、又應時而潮、知機而化、故喻之如海也、具此最勝一義、故諸如來我讚禮、也、

自性本體離諸欲　能依此行脫苦趣

自性者即法寶自性也、法有教理行果、謂法體即上本、離欲染、猶如蓮花處汙泥而不染、即理也、若依此理即教也、而起諸波羅蜜行也、則能永脫惡趣速超道果、即果也、良以衆生貪嗔熾然、障蔽自心、故起諸業、羈滯三塗、今修六度則能對治貪等諸業、以對治故、則三界因亡、四生果絕、所以能脫惡趣也、又云、自性離欲者、何論云、於眞如法勝解現前所修離相、以知法性本無慳貪、隨順修行檀波羅蜜、以知法性無染、離五欲過、隨順修行羼提波羅蜜等、是故必須先悟自性清淨、然後修行、則一修一切修、一斷一切斷、一證一切證、根本既清、則六度萬行、不修而自圓、以本體具故、依此修行、又何惡趣而不免乎、

以爲甚深玄妙理　於諸妙法我讚禮

此之理趣甚深微妙、即理與行稱爲法寶、於彼妙法我讚禮也、

解脫道中勝解脫　持淨戒行堪恭敬

三乘四果稱爲解脫、而大乘菩薩超勝彼等、故云勝解脫也、此是聖僧、戒定嚴身、六和自備、守護律行、如護明珠、能作後昆之模範、堪受人天之供養、故云堪恭敬、

勝妙福田生勝處　於彼大衆我讚禮

以是凡僧、以僧雖有聖凡之別、皆是紹隆佛種之人、如影響衆生、與聖僧俱生、如常隨衆住處、與佛同住、應供於龍宮天上、說法於王宮內院、有如是德、故我讚也、既稱頌至此矣、想三寶歡喜攝受、求索願事必蒙允許、自我及、法界至此而止、於中乘大願力而修三密、建壇設供、總名福慧雙修也、夫建壇設供本乎行願、屬作福門、自利邊事、若入觀音大悲刹那禪定、則能長養悲智、成就利他事也、有福無智恐墮人天因果、故當修此禪定、則有智矣、故經云、因依禪定得無漏智、既具福智、等同諸佛、然後於法界之中能作廣大利益、是故此定宜當入也、

讚觀音偈

普陀洛伽常入定　隨緣赴感靡不周
尋聲救苦度群迷　故號名爲觀自在

普陀洛伽山名也、乃菩薩入定之處、隨緣赴感、即普門示現、有叩皆應、無剎不周、一稱其名、皆得離苦、如洪鐘在架、隨扣擊以無斷、月映寒潭、處波涙而不散、此所以為觀自在、前稱觀世音、此名觀自在者何也、自在二字、總以二利而彰號、一自利、二利他、自利者、謂菩薩用般若空慧、照了心色清淨、圓融、事理不二、此自利也、復念眾生八苦所逼、不知出離、隨類應機、說法度脫、令其皆得自在、此利他也、由自利故、發智德之源、由利他故、立恩德之事、成智德故、則慈起無緣之化、成恩德故、則悲含同體之心、以同體故、則心起無心、以無緣故、則化成大化、心起無心、則何樂而不與、化成大化、則何苦而不收、何樂不與、則利鈍齊觀、何苦不收、則寃親普救、斯乃菩薩之大慈大悲、故稱自在耳、問、既云在定、云何能赴感度生、既言常在、又焉有出入之理乎、答、此定名所作定、即剎那大悲定也、古訓刦波是時之最長、剎那乃時之最促、如壯士執利劍、斬一籆絲、每一絲上有八十剎那、則時促可知矣、既曰時而迅速若此、則此時者、乃無時之時也、正明無時而不在定、即那伽常在定、無有不定時之性定也、既性是定、焉有常與無常、出之與入、然何妨於出入、畢竟出入無礙、去來自由、順逆不干其懷、動靜不失照、始稱自在禪定、所以終日在定、無時不應機、雖常應機、未常離本定、故華嚴云、佛身充滿於法界、普現一切眾生前、隨緣赴感靡不週、而恒處此菩提座、又云、清淨妙法身、湛然應一切、淨名云、不起滅定而現諸威儀、即此之謂也、

結觀音禪定印

當入定時澄心內觀、肉團心上想紅色得噁字、成八葉花體、花上想白色阿字、光潔如月、於此體上想吽哩字種放光、成八葉蓮花、花中現觀自在、葉中現八如來、

唵引斡資囉金剛塔囉麻法捺哩種字

歸依偈

南無無盡三寶尊　我今誓發菩提心
惟願菩薩來攝授　速證觀音微妙身

南無者承順之詞、菩提心者即覺心也、三世十方一切諸佛無不先發此心而後滿行證果、我今欲起行利生、故亦承順三寶而誓發此廣大心也、既發是心矣、惟願菩薩慈悲攝受、令我速證聖身、以便興慈運悲、行行利生、而無障礙也、此四句乃歸敬請加之意、

道場觀

次入觀音三摩地

表白舉令行人知時也、梵語三摩地、此云等持、即平等任持之意、亦名正定、謂不偏不倚之謂正、不昏不掉之謂定、

亦云正受、不受受諸受、是名正受、如大火聚、名觀音三摩地者、此定名大悲刹那定、入此定時、能於刹那間、普利群生也、云何必須起觀音慢、與入定耶、殊不知施食一法、根於世尊作婆羅門時、曾於觀世音菩薩處、受無量威德自在光明陀羅尼、法能變少食、普遍法界、夫如是則觀音是施食之鼻祖也、今吾本具縛凡夫、不憑聖功、而自作觀音、必難乎其爲有濟矣、究理言之、我與觀音、實無殊別也、觀音是我本體吃哩字、是我本具、故慢之一字、即天上天下唯我獨尊之旨、又諸佛說法、必先入定、鑒機法華圓覺、自有明徵、當會而審詳、可爾、既欲起慢、先須入定、應觀自心、如秋月輪、光明皎潔、中有白色吃哩字、此字名阿彌陀佛一字咒、是大悲眞體、利生妙智、如金剛三昧耶經云、此字具四種義、一賀字門、即一切法因不可得義、二囉字門、即一切法離塵義、三伊字門、即自性不可得義、四德字門、即涅槃義、亦名慚義、若具慚愧、不爲一切不善法、具足一切無漏法、又蓮花部云、阿彌陀佛以此字加持於極樂國中水鳥樹林、皆演法音、所以若觀此字、則一切諸法之因、了不可得、本是離塵、自性清淨、當體即涅槃、所以西方三聖、初證此心印、便即運悲利生也、問既曰入定、又曰作觀何也、答曰、觀乃定前加行之方便、乃假想慧耳、定者令心專注於一境、不昏不掉、心心無間、念念寂滅、名之爲定、如文殊云、初學不思議三昧、繫心一緣、若久習成就、更無心想、常與定俱、故先作觀、引起心月字種、分明顯現、次則定心專注繫境、湛寂不動、不動之處即定、明顯處即觀也、又定慧二法不可單運、如車之有兩輪、如鳥之有兩翼、缺一不可、失之則無凌霄達致之功、若偏於定、則日愚、單修於慧、則日狂、二皆不能明見佛性、如日不明、孤燈照物、不了、必如是止觀雙修、定慧均等、始可了了見於佛性、故正觀時必資之以定、則不散、正定時加之以觀、則不昏、如是方名即定之慧、即慧之定、寂照同時、明靜均修、始是定慧力莊嚴、以此度衆生、是證無上道矣、問、若夫緣境、何足擅於月輪耶、答、昔西域十四祖龍樹菩薩、爲衆說法、於其座上現自在身、如滿月輪、一切衆生、唯聞法音、不覩祖相、衆中有長者子、名迦那提婆、謂衆曰、識此相否、衆曰、目所未覩、安能辯識、提曰、此是尊者現佛性體相、以示我等、何以知然、蓋以無相三昧、形如滿月、任運自在、皎潔清淨、雲霧不能蔽其光輝、萬象不能奪其精氣、千古無虧、佛性之義、廓然虛明、故現斯而表之也、言訖、形相即隱、復居本位、而說偈言、身現圓明相、以表諸佛性、說法無形相、用辯非聲色、彼衆聞偈、頓悟佛性、咸求出家、是知月輪者、正吾入本體無相三昧也、所謂慧月在懷、靈珠在握、法界同徹、無不照矣、既入觀音定、必契觀音體、體既頓證、何患輪相用之不然乎、三大圓具、則自身等觀音、可謂慢不起、而自是觀音也、

澄心閉目觀心中

澄心者、即入止也、謂止其心、如碧潭澄水、湛然不動、即內心不起也、閉目者、即運觀也、謂收視返觀、心月梵字、不復

緣於餘境、即外緣不入也、祖師云、內不放出、外不放入、心如墻壁、可以入道、問何故先澄心而後閉目耶、答謂境由心現、心因境有、二者相因、故令妄想之波、念念不斷、今欲達境唯心、故先澄其心、則境無因矣、閉其目、則心無託矣、各住法位、當體無生、始名為定、故楞嚴云、於外六塵不多流逸、旋元自歸、塵既不緣、根無所偶、返流全一、六用不行、十方國土、皎然清淨、譬如琉璃、內懸明月、身心快然、妙圓平等、獲大安隱、一切如來密圓淨妙、皆現其中、是人即獲無生法忍、

圓滿皎潔淨月上

自性如來、圓滿皎潔、若秋月之無雲、圓而滿、則無德不備、皎而潔、無照不週、體用之別也、

字種放光成蓮花

謂淨心月上、有金色紇哩字、放光增長、成蓮花、此字乃大悲菩薩取證眞理、利生妙智、又從光而證者、何也、楞嚴云、爾時世尊、從肉髻中、涌百寶光、光中出生千葉寶蓮之謂也、肉髻者、表最上頂法也、百寶光者、表心光普照也、蓮花者、方因即果、處染常淨、喻圓頓法中、初發心時、便成正覺、但離妄緣、即如如佛是也、

花中有一觀自在

此是字種增長自身所成之觀音也、初從理起事、事有依中現正、正中現依、普賢現身毛現樓臺、諸佛栴檀塵中現佛菩薩幢旛等雲、是其事也、

相好具足無比對

此稱讚之詞也、偈文大畧應說一面二臂、其身金色、花冠瓔珞、頂戴彌陁、嚴好殊特、無與儔侶而並對也、

左手執持妙蓮花

左手表實智、無分別故、執持花香、實相無相、巧喻蓮花、表實相契實智理也、

右手於葉作開勢

右手表權智、有作用故、於葉者謂花開現、表因花既敷、果德自彰也、作開勢者、謂開權顯實、見究竟果也、若逐一表之、則金光明疏云、法性身者、非是凡夫二乘下地之所能見、唯應度者示令能見、此身即無身之身、無相之相、一切智為頭、第一義諦為髻、八萬四千法門為髮、大悲為眼、圓通為耳、中道為白毫、無漏為鼻、十八空為舌、甘露為口、四十不共法為齒、弘誓為肩、三昧為腰、如來藏為腹、權智實智為手、定慧為足、如此等為莊嚴法身也、上皆自覺、下是覺他、行菩薩行也、

菩薩思惟有情身　各具覺悟之蓮花

謂此覺悟之花、人人本有、箇箇不無、一切衆生、無不各具、與諸菩薩本是同體、如何迷頭認影、懷寶迷邦、而不自覺、誠可悲愍、如世尊覩明星悟道之時、讚嘆曰奇哉、衆生具有如來智慧德相、皆因妄想執着而不得證、若離妄想、無師智自然智皆悉現前、我當爲彼而開導之、此中思惟即行者思惟、不可打作兩橛、何者所證理同也、各具者如經云、知一切法即心自性、成就慧身、不由他悟之意也、

清淨法界無惑染

蓮花是喻清淨法界、是法合耳、謂一眞法界本來清淨、一塵不立、無有煩惱惑染、如蓮花之不着水也、六祖云何期自性本是神變、何期自性本自圓成、何期自性本自秘密等、

八葉各有一如來

自此至晃耀五句、通自他自說、約他則言一切衆生平等、共有此花、與如來入定向觀自在、約自則言一行人與八如來同時入定也、以上一蓮花不曰八葉、至此而獨言八葉者何也、八葉表八識也、一花表一心也、八葉總是一花、八識總是一心、上來菩薩已轉識成智、唯是一心、故不曰八葉、今衆生不能掀翻識海、截斷情流、歸於心原、八識熾然、故此

獨出八葉也、各有一如來者、起信論云、依如來藏故有生滅心、所謂不生不滅與生滅和合、不一不異、名為阿黎耶識、此識有二種義、能攝一切法、亦能生一切法、云何為二、一者覺義、二者不覺義、不覺有本末之殊、覺有始本之異、本覺為如、始覺為來、始本不二、名為如來、此獨第八識有此義、從第八識、復轉起前七識、楞伽經云、藏識海常住境界風所動、種種諸識浪、騰躍而轉生、藏識既具、則前七識亦具如來之義、故經云、衆生身中念念有如來成正覺、般涅槃、又云、一切衆生即菩提相、何也、謂若一念緣起無生、是人與佛何殊、其或識情不斷、即此號曰衆生、斯蓋就機而說、若約行者、已轉八識成四智、四智皆能現身說法、有如來義也、

如來入定跏趺坐　各各面向觀自在

如來面向菩薩者、謂此菩薩即過去正法明如來、以故不分主伴、又蓮花即因、果同時、而菩薩亦因果同時也、花是因、蓮是果、今果上有菩薩、即因該果海也、花上有如來、即果徹因原也、萬法顯必同時、一際理無先後、冥真體於神化之域、彰德相於重玄之門、自非竿頭進步、絕後再甦焉、能測如是之境界也、入定者、即同行者所入之剎那、大悲定也、問、既曰面向、前四面、何後四得不背也、答、謂圓通之身、本無背向、如雖扉枕、面面皆正、豈同衆生分段之身、向東則背西、面南則背北、如大通智勝佛坐於道場、諸梵天等東看則曰在西、南觀咸曰在北、寧有一定之向哉、知道

者更須向無向背處看、

項佩圓光身金色　光明朗照及晃耀

上句彰殊勝身、下句彰殊勝境、若在法上明衆生心、從本以來具無漏智、炳煥靈明、洞徹不昧、經云、世尊語金剛慧菩薩言、我以佛眼觀一切貪欲嗔恚愚痴諸煩惱中、有如來智如來眼如來身、結跏趺坐、儼然不動、善男子、一切衆生雖在諸趣煩惱身中、有如來藏、常無汚染、德相具足、如我無異、楞伽云、如來藏自性清淨、轉三十二相、入衆生身中、爲蘊所覆、煩惱所纏、臨濟云、有一無位眞人、在汝赤肉團中、放光動地、正明即衆生心中有如來智慧德相、故云無一衆生而不具有如來智慧德相、上十四句總顯理事二種法界、下二句方入理事無礙法界、

次想其花漸舒大　其量周徧虛空界

次想者、欲行人以三昧光照彼心花、令其心開意解、即得以理相應、其花舒大者、以事攬理成、故能漸舒大、理隨事變、故能遍法界、未有事不依理、故隨事之理、一一如理圓滿、遂令一塵普遍法界時、諸塵皆遍、一多無礙、大小相容、此是理事無礙法界、

思彼覺華照法界　如來海會共廣大

思彼本覺之華、光明朗照、窮十法界、元是一眞、與如來海會同彼時廣大、更無二致也、何謂如來海會、有一無量光明徧照法界、令彼諸覺花亦能徧照法界、互無障礙、交涉重重、如一室千燈、光光無雜、此事事無礙法界也、

心若不移於此定　憐愍一切諸衆生

上句自覺、下句覺他、上來思惟即是起行、心若不移此定、緣能與無緣慈、運同體悲、愍諸衆生、起於哀救、即是利他行也、何以故、以諸衆生懷寶迷邦、持珠乞丐、本自是佛、迷而不覺、枉入諸趣、我今證此廣大無礙境界、當以慈光普照、令彼頓悟無明實性即佛性、幻化空身即法身、如類我也、

覺花蒙照脫苦惱　便同菩薩觀自在

彼之覺花果蒙吾光一照、如千年暗室、一燈能破、當下永脫苦惱、心花頓開、覺地圓淨、便同菩薩無差別也、

蓮花漸收同已量

上八句皆舒、此一句獨卷、約密說即是增長究竟、准余已現前解云、從正位起名增長、復歸正位是名究竟、亦是始本不二也、上師云、有放不收同凡夫、有收不放是二乘、有收有放名秘密境界、收放總不同名無戲論法、此乃最極本續也、正表吾人自性、縱橫自在、舒卷天然、儒云放之則彌六合、卷之則退藏於密矣

復結自在觀音印　加持四處誦密言　自身亦等觀自在

以前乃是定中境界、今復結印者、正請不智佛冥熏、加持四處令我父母所生之身、頓同菩薩堅固不壞之金剛身也、又前既現觀音、今悉迷已逐物、當復回觀自身、故云亦等問、最初既已字種增長、令已成觀音、何故今又加持耶、答、初表增長、由未離覺、今是親證親入也、前所觀者觀音、望因則名因中果、加持之後、當體即果中因也、四處觀者、頂口喉臍是也、當觀吽字加持頂、是眞如功德義、用此加持無能凌屈、次觀唵字、加持口、是如來相好義、次觀阿字、加持喉、是語莊嚴種種義、次觀覽字、加持臍、能令身心清淨皎潔如水、如是加持、何患身心不同菩薩無漏之體也、

以此禪定勝功德　回向法界諸有情

同見西方無量光　成就普賢廣大願

此四句將自己之功德而回施法界衆生、同生西方見佛聞法、成就遍吉菩薩廣大願力也、

召請第二

破地獄偈

若人欲了知　三世一切佛

應觀法界性　一切惟心造

前來入定鑒機之後、諦觀三界無安、猶如火宅、一切衆生身爲八苦所逼、心被煩惱酷熱、求暫停捨、了不可得、衆生本來與我同體、未有我安樂而彼輪轉、故當與慈運悲、乘定力而救之、是以稱誦伽陀、示其由要之道、三光並照、直徹長夜昏衢、梵音演處、地獄頓空、神思遊履、苦輪停息、頓使鐵床銅柱、當體全眞、博地凡夫、同御寶乘、故經云、善哉見諸佛、救世之聖尊、能於三界獄、免出諸衆生、今欲破獄、救彼衆生、先伸華嚴經偈、此偈意正明唯心之旨、古人云、阿鼻依正、常處極聖之自心、諸佛法身、不離下凡之一念、能達性空之理、諸苦自然不及、但了法性心現量、禪天之樂、何殊、所言苦者、假設之詞、設使有人而欲了知三世諸佛何得而成、應當觀察法界之性、以眞如體、本來無凡聖之別、因隨緣故、作業有異、所以十界昇沉、六道不等、何據、若眞如隨無明緣而造染業、則感六趣之報、若眞如隨不思議緣而修戒定慧業、則登四聖之果、故曰一切惟心造也、經云、三界無別法、惟是一心作、宗鏡錄云、應觀法界性者、即眞如理觀也、一切唯心造者、即唯識論事觀也、以理觀唯識之性、諸佛證此爲成佛之體、以事觀唯識之相、衆生達此、爲出要之門、良以一文之妙、攝義無遺、一偈之功、能破地獄、纂靈記云、有京兆人王明幹、本無戒行、曾不修善、因病致死、被二人引至地獄門前、心念地藏菩薩、乃見一僧人教誦偈云、若人欲了知、三世一切佛、應觀法界性、一切惟心造、菩薩授記已、謂曰、誦得此偈、能破地獄苦、其人誦已、遂入見王、王問此人有何功德、答云、惟持一偈、具如上說、王遂放免、當誦偈時、聲所至處、受苦之者、皆得解脫、三日乃甦、憶持此偈、向道俗說之、參驗偈文、方知華嚴經中無量菩薩雲集、覺林菩薩所說之偈、意明地獄心造、了知心作佛、地獄自空耳、故知若觀此心、不惟離苦、不唯破地獄界、乃至十法界、一時破盡、以入眞空一際法故、

次結破地獄印兩羽金剛拳、施慧相鉤、進力伸相拄、三誦三擊開、

捺麻敬禮阿瑟吒無量色光瑟吒無比光炬攝諦喃智慧三藐三勃塔正等正覺

懼胝喃百億唵攝辣納縛苦具處即地獄婆細破開提哩提哩淨空解脫吽摧碎

結印誦咒、增長自心、成紅色觀世音、心舌印、上三處、皆有紅色紇哩字、放光如日初出之狀、三光同照阿鼻地獄、彼蒙光照、悉皆破壞、觀佛三昧海經云、是時佛心如紅蓮花、蓮花葉開八萬四千、諸白色光、其光遍照五道衆生、此光出時、受苦衆生、皆悉出現、所謂阿鼻地獄、十八小獄、八寒八熱、乃至百億刀林等獄、皆悉破壞、今行人亦當效此觀也、問、一處放光、足以破之、何用三乎、答、爲彼衆生三業妄造而成此獄、故今亦用三業放光以破之也、又問地獄是衆生別業而成、云何能破、答、雖云別業、同是一心、以智照妄之衆生尚無、況地獄乎、由迷一心妄造衆惡、報在地獄、妄

見受苦、譬如夢中爲彼虎狼獅子所噬、或爲賊害、或遭王難、受種種苦、及至於醒、了無所得、今所觀地獄受苦、亦復如是、假以智照之力、亦無有不破也、問、地獄既然本空、何得破而救之、答、我雖以智照、知其本空、彼無智照、焉得不苦、圓覺云、夢時非無、及至於醒、了無所得、今正欲破此地獄及苦空也、誠知諸衆生以惡業因緣而得、此獄成、則實非本有矣、我今以智照因緣而破之、一禪定、二手印、三真言、四作觀、五智照、有此五緣、何事而不辦耶、豈唯地獄、即三界二十五有、亦皆破矣、今時學者濫稱闍黎、唯是音聲嘹喨、振地擊節、慮恐負於諸主之意多矣、

由此印咒．威神力故．所有諸趣．地獄之門．隨此印咒．豁然自開．云云

真言咒印威神之力、不可思議也、次運心執爐而請、

請地藏偈

地藏十王起哀憐　揭案消名納善緣

請地藏文

亡者須仗如來教　願憑法力判生天

執爐恭請

奉請地藏王菩薩摩訶薩（問訊）

香花請

南無一心奉請（問訊）。衆生度盡。方證菩提。地獄未空。誓不成佛。今當奉請。幽冥教主。本尊地藏王菩薩摩訶薩。（拈香）

破獄之後然後請者、何也、以此菩薩是幽冥教主、又三界總是一生死獄、菩薩示生三界、得三界空、然後成佛、常在獄中教化衆生、是故先破令空方運請也、

請引魂王文

香花請

南無一心奉請（問訊）。手擎幡蓋。身掛花幔。導衆生歸極樂之邦。引孤魂赴道場之會。今當奉請。幽冥路上。引魂王菩薩摩訶薩。（拈香）

大權示現、於幽冥界導引含識歸安養者、是非謗劣之所堪能、必須善達險道通塞、將導衆人經歷惡處不致喪失而得好路、竟趣淨域、由是請云、手擎幡蓋、身掛花鬘、謂表正助雙修者也、擎旛蓋者乃是秉修般若行故、擺動塵緣

與境相應、掛花鬘者、修萬行故、六度嚴身、既具如是、則趣西方佾己非遙、何憚法會而當遠歟、

召請偈

以此振鈴伸召請　孤魂聞召願來臨

仗承三寶力加持　此夜今時臨法會

既振鐸音、宣布法也、咸使風聞、況諸情類就爲冏覺、既具不昧靈、不遙聞、復承三寶加持大力、玆當來集共休超昇、

恐或阻滯、宣呪催促、呪畢但云聞召遠臨近例知故、

召請讚幷真言

運心平等．法力無邊．恭對寒林前．稱揚寶號．南無多寶如來．

廣博身．妙色相．甘露王如來．曩謨薄伽伐諦．

呪聲直上寒雲霄．路迢迢．羅漢生歡皆除怨．唵蘇寧蘇寧以

囉遶．戶唵．必知必捨．左曩曳吧曳吧．薩哩斡切一母陁喃．者覺

莎訶．

秋雨梧桐葉落時．夜淒淒．召請孤魂來赴會．唵．承此承此上蓮臺．戶唵必知必捨．左曩曳咽曳咽．薩哩斡母隨喃莎訶．

今夜道場法筵開．惠然來召請亡靈來赴會．唵樵樓樵樓皷交必戶．唵必知必捨．左曩曳咽曳咽．薩哩斡母隨喃．莎訶．

普召請眞言

唵．步步帝利．伽哩哆利．怛他也都耶．

孤魂聞召遠來臨．

一心召請．金烏似箭．玉兎如梭．想骨肉以分離．覩音容而何在．初爇名香．初伸召請．某氏靈魂．惟願承三寶力仗秘密言．此夜今時來臨法會．受此無遮甘露法食．

右手拈米向外撒灑再以戒指取水彈空想彼靈魂應召而來領受法食下皆做此

一心召請．遠觀山有色．近聽水無聲．春去花還在．人來鳥不

驚。二爇名香。二伸召請。某氏靈魂。云云
一心召請。浮生如夢。幻質匪堅。不憑我佛之慈。曷遂超昇之路。三爇名香。三伸召請。某氏靈魂。云云
一心召請。累朝帝主。歷代侯王。九重殿闕高居。萬里山河獨據。白西來戰艦。即晉王濬伐吳事、有詩曰、王濬樓船下益洲、金陵王氣黯然收、千尋鐵鎖沉江底、一片降幡出石頭、人世幾回傷往事、山形依舊枕寒流、如今四海爲家日、故壘蕭蕭蘆荻秋。千年王氣俄收。北去鑾輿。即北宋時、金虜徽宗欽宗擧族入沙漠、遂卒於五國城、五國冤聲未斷。嗚呼。杜鵑叫落桃花月。血染枝頭恨正長。此鳥名、昔蜀望帝因貪色、誤入武臣家、被臣幽禁、一心思歸、遂化一杜鵑、從口而出、飛在桃枝枝上、詩云、啼得血染無用處、是其事也、如是前王後伯之流。三王即禹湯文武、五伯即齊桓晉文秦穆宋襄楚莊、今日前王後霸不止此等而已、一類孤魂等衆。惟願承三寶力。仗秘密言。此夜今時。來臨法會。

一心召請。築壇拜將。即韓信常與蕭何語、何奇之、信在漢、漢即高祖、初或小覷韓信、委以輕識、詎時
未利而饋其事、自度王不用、乃私遁去、蕭何自追之、王曰、諸將亡者衆而獨追信何也、何曰、諸將易得、若韓信者國
士無雙、王乃築壇拜韓信爲將、後伐楚得功、封爲淮陰侯、復封齊王、建節封侯。昔班超有大志、家貧爲人
傭書、久受勞苦、投筆嘆曰、大丈夫無他志畧、猶能効傅介子張騫立功異域、以取萬里封侯、安能久事筆硯間乎、後
平西域、封定遠侯、力移金鼎千鈞。大禹所進、即伍員投吳、三舉金鼎、其色不變、後果伐楚、身
作長城萬里。即宋朝譚道濟、自鶩文武全材、國家倚賴、文帝疾義康矯詔誅之、道濟見詔、憤怒氣盛、目
光如電、脫績投地曰、今日此舉、乃壞汝萬里長城也、白霜寒豹帳。武將立營荒郊、常懸幔帳、每於其帳
上彩畫豹、以示威也、徒勤汗馬之勞。風息狼烟。古制十里一營、皆設烟堆、倘朝中有不測
之難、遽起烟騰、諸國皆知、頃刻萬里所屬之地、皆悉興師救護、又凡三軍出師、至晚駐劄所打營火之烟是也、空
負攀龍之望。嗚呼。將軍戰馬今何在。野草閑花滿地愁。
如是英雄將帥之流。一類孤魂等衆。云云
一心召請。五陵才俊。陝西、漢陵寢在焉、漢高祖長陵惠帝安陵文帝灞陵景帝陽陵武帝茂陵又金

陵、巴陵、廣陵、茂陵、武陵、皆地名也、百郡賢良。三年清節爲官。一片丹心報主。白南州北縣久離桑梓之鄉。海角天涯。遠喪蓬萊之島。蓬萊山在東海中、六帖云、銀宮金闕、紫府清都、人鳥絕跡、是神仙居立之處、嗚呼。官貺蕭蕭隨逝水。離魂杳杳隔陽關。如是文臣宰輔之流。一類孤魂等衆。云云

一心召請。黌門才子。白屋書生。探花足步文林。進士杏花初宴、謂之探花、使少俊二人爲探花使、遍遊名園、採取名花、若他人先得、則花使不免罰焉、射策身遊棘院。射策謂投策也、難問擬議、書於后策、列而置於案上、使不彰顯、在試者意、隨其所取得而釋之、以定優劣、上者爲甲、下者爲乙、棘院即應試場也、白螢燈飛散。車胤家貧、至夜攻書、無油、以囊螢火爲光而讀之、三年徒用工夫。鐵硯磨穿。五代桑維翰初舉進士、座師厭桑與喪同、莫之舉、遂作日出扶桑賦、或勸其改業、翰則鑄鐵硯、淸洲以熟鐵爲硯、甚發墨、鑄此鐵硯而示人曰、硯穿則易他業、後遂及第、十載漫施辛苦。嗚呼。七尺紅羅書姓字。即銘旌也、以死者不可別、故以旌書識之、穎達疏云、

士長三尺、大夫五尺、諸侯七尺、天子九尺、愛之以錄其名、敬之以盡其事、杜牧之詩云、黃壤不沾新雨露、粉書空換舊銘旌、一坏黃土蓋文章．如是文人舉子之流．一類孤魂等衆．云云

一心召請．出塵上士．飛錫高僧．精修五戒淨人．梵行比丘尼衆．白黃花翠竹．空談秘密眞詮．白牯黧奴．南泉云、三世諸佛不知有、白牯黧奴却知有、白牯者即水牯牛、喻禪也、黧黑色、奴即猫貍之類、却知有者、較有苦空之談、禪有直指之說、徒演苦空妙偈．嗚呼．經聰冷浸三更月．禪室虛明半夜燈．如是緇衣釋子之流．一類覺靈等衆．

一心召請．黃冠野客．羽服仙流．唐李淳風之父、名播、仕隨、棄官爲德士、自號黃冠子、唐太宗時有仙人譚紫霄、帝寵之、出入金門無阻、賜號金門羽客、由云羽人、王子年拾遺記、周昭王假寐、夢白雲中一人、服皆羽色、王求仙術、受絶欲之教、因名羽士、桃源洞在終南山裏修眞閬苑洲前養性．閬苑洲、在蓬萊畔、即白彼修眞養性之處、三花即精氣神也、九煉．即七還九轉之法、道家以

金鼎烹食、吐故納新、爲內丹、銷煉五方金石、使其天曹未致柔爲外丹、合九十晝夜、從寅至申、爲七還也、許標名。四大無常。地府難容轉限。　嗚呼琳觀霜寒丹竈冷。醮壇風慘杏花稀。如是玄門道士之流。一類遐食等衆。

一心召請。江湖羇旅。南北經商。圖財萬里遊行。積貨千金貿易。　白　風霜不測。身膏魚腹之中。途路難防。命喪羊腸之險。泰行山路險、猶如羊腸九曲、　嗚呼滯魄北隨雲黯黯。客魂東逐水悠悠。如是他鄉客旅之流。一類孤魂等衆。

一心召請。戎衣戰士。臨陣健兒。紅旗影裏爭雄。白刃叢中敵命。　白　鼓金初振。霎時腹破腸穿。勝敗纔分。徧地肢傷首碎。

嗚呼漠漠黃沙閑鬼哭。茫茫白骨少人收。如是陣古之戰場詩云、漠漠黃沙際碧天、問人云此是居延、停驂一顧魂欲斷、蘇武名消十九年、亡兵卒之流。一類孤魂等衆。

一心召請．懷躭十月．坐草三朝．初欣鸞鳳和鳴．夫唱婦隨、次望熊羆叶夢．詩云、吉夢如何、維熊維熊、維虺維蛇、夫人占之、維熊維羆、男子之祥、維虺維蛇、女子之兆、羆似熊而維長頭高脚、呆憨多猛力、能拔樹、能羆者是陽物、所以爲男子之兆、虺蛇者陰物也、所以爲女子之徵、白 奉恭欲唱．乃註生神前二童子名、凡妢娩時彼唱則吉、不唱則凶、吉凶只在片時．璋瓦未分．蜀江津有天泉池、邑人春日遊此、競於池中摸石求嗣、得石者生男、得瓦者生女、又毛詩云、乃生男子、載衣之裳、載弄之璋、乃生女子、載衣之裼、載弄之瓦、母子皆歸長夜． 嗚呼．花正開時遭急雨．月當明處覆烏雲．如是血湖產難之流一類孤魂等衆．

一心召請．戎夷蠻狄．喑啞盲聾．勤勞失命．傭奴妬忌傷身．婢妾．白 輕欺三寶．罪愆積若河沙．忤逆雙親．兇惡浮於宇宙．天地四方曰宇、往來今古曰宙 嗚呼．長夜漫漫何日曉．幽關隱隱不知春．如是冥頑悖逆之流．一類孤魂等衆．

一心召請。宮幃美女。閨閣佳人。胭脂畫面爭妍。龍麝薰衣競俏。白雲收雨歇。魂消金谷之園。在洛陽橋北、逸史云、梁氏女有姿容、石季倫名石崇、以珍珠三斛買之、因號綠珠、後孫秀使人求之、崇不許、謂珠曰、我謂汝得罪、珠曰、當效死君前、遂死此園、月缺花殘。腸斷馬嵬之驛。唐玄宗有楊貴妃、被安祿山謀叛、逼妃死於此驛、嗚呼。昔日風流都不見。綠楊芳草髑髏寒。如是裙釵婦女之流。一類孤魂等衆。

一心召請。餓寒丐者。刑戮囚人。遇水火以傷身。逢虎狼而失命。自懸梁服毒。千年怨氣沉沉。雷擊崖崩。一點驚魂漾漾。嗚呼。暮雨青烟寒鵲噪。秋風黃葉亂鴉飛。如是傷亡橫死之流。一類孤魂等衆。

一心召請。法界六道。十類孤魂。面然所統。薜荔多衆。餓鬼之異名也塵沙種類。依草附木。魑魅魍魎。此物之怪也、俗書云、山澤之怪謂之魑、西京賦云、山神虎形曰魑、宅神猪頭人形曰魅、魍魎者、木石變怪也、玉篇云、水神也、滞魄孤魂。自他先士。家親眷屬等衆。

以上皆本文昭着、不復細釋、故但出事跡而已、顯召竟、

顯施食第三

誡諭文

上來召到諸鬼神等。至心合掌。俯伏低頭。勿得語笑諠譁。切忌麤心膽大。威儀齊整。動止安庠。聽我金剛上師。一一宣揚。爲汝水陸有情。重重懺悔。既是今日。有緣有分。法王座上。無黨無偏。舉眼直下承當。更莫疑心錯過。皈依佛。永不退道心。授法印。而齊成正覺。清涼境內。可以各上蓮池。極樂國中。自此同登彼岸。將當召請。悉願來臨。衆等虔誠。今當讚詠。

稽首歸依雄．水月金容．住海岸在閻浮．運廣慈心重．發弘誓

歸依讚

願度脫樊籠．彌陀寶冠瓔珞頂戴花玲瓏．三災八難尋聲救苦．杻械枷鎖化作清風．散珍寶．普濟貧窮．楊枝手內時時洒滴甘露．潤在亡者喉中．惟願今宵臨法會．接引亡靈．上往蓮宮．

受食讚

近代先朝帝主尊榮位．勳戚侯王．玉葉金枝貴．宰執中宮．婇女嬪妃類．夢斷華胥．（列子、黃帝晝寢、夢遊華胥之國、既覺、怡然自適、其後天下大治、儼如華胥夢之、）來受甘露味．

國士朝臣．經緯匡時世．牧化黎民．未遂忠良志．失寵懷憂．謫降邊邦地．戀國遊魂．來受甘露味．

武將戎臣。統領三軍。隊結陣交。鋒鑼鼓喧天地。北戰南征。失陷沙場內。爲國忘軀。來受甘露味。

學古窮今。錦繡文章士。映雪偷光。（孫康家窘、映雪讀書。漢匡衡少貧好學、至夜鄰家有燭、鑿壁偷光、深明經術、每說詩解人頤、）苦志寒牕內。命運蹉跎。金榜無名字。鬱鬱幽魂。來受甘露味。

割愛辭親。蚤入空門內。訪道尋師。只爲超生死。暑往寒來。不覺無常至。返照回光。來受甘露味。

羽服黃冠。早發修眞志。煉藥燒丹。養性還元氣。苦行勞神。指望登仙位。莫戀形魂。來受甘露味。

孝子賢孫。義勇忠良。志烈女貞妻。視死如歸去。仗節忘軀。千古留英氣。耿耿靈魂。來受甘露味。

女道尼流。身住黃金地。鸞鳳緣空。不染人間事。未了無爲。流浪虛生死．清淨幽魂．來受甘露味．
地理天文醫藥陰陽類．卜卦占龜風鑑並星士．報吉談凶．難
免無常對捨僞歸眞．來受甘露味．
坐賈行商．種種經營輩．藝術多能．貿易求財利．背井離鄉．死
在他方地．旅夢悠悠．來受甘露味．
犯法遭刑．牢獄長幽繫．負命謀財．債主冤家類．惡疾天災．凍
死饑亡輩．速離黃泉．來受甘露味．
馬踏車傷．牆壓身形碎．鬼擊雷轟．自刎懸梁縊．水火焚漂．虎
咬蛇傷類．九橫孤魂．來受甘露味．
飲血茹毛．生長蠻夷地．負債償勞．婢妾並奴隸．喑啞盲聾．殘
疾無依怙．受苦冤魂．來受甘露味．
忤逆爺娘．怨讟天和地．謗佛欺僧．毀像焚經偈．邪見深沉．苦

報無邊際．十惡狂魂．來受甘露味．

大施門開．薦拔孤魂輩．祖禰先亡五姓冤家類．世間之姓、奚啻萬家、禪波羅蜜經云、即五音也、謂一切姓之音韻文字、總不出此五音、攝末歸本、故言五音、宮商角徵羽、即五姓、夫如是則盡世間之姓、該攝其中矣、八難三途．平等俱超濟．仗佛光明．來受甘露味．

彌陀讚

阿彌陀佛宿有無邊誓．觀見衆生．苦海常漂溺．垂手慇懃．特駕慈航濟．普載衆生．同赴蓮池會．

南無蓮池海會佛菩薩．

滅障第四

召請餓鬼偈

我以大悲佛神力　召請冥陽諸有情

曠刧饑虛餓鬼等　不違佛勅來降臨

召請餓鬼印　左羽作無畏勢右羽向前豎四度微曲進度鈎召誦眞言　以進度鈎召

唵　即納（佛部精心）即葛（佛部靈心）移希（鈎入）曳歇（召來）莎訶（疾成）

此是密召、先偈次印、以左手作無畏勢、慰其佛懼也、左顧上有月輪、中有白色唵字、放光至閻魔界、勾攝一切有情、右手四度微曲進度、勾召來入道場、遶佛三匝、作禮而出壇外分四門、東門至南門地獄衆、南門至西南隅餓鬼衆、西南隅至西門畜生衆、西門至西北隅人衆、自西北隅至北門修羅衆、自北門至東門天衆、應當如是而安住之、故曰方以類聚、物以群分也、

歎喩文

既召請已．普皆雲集．以懇念心．讚歎慰喩．令歡喜已．渴仰於法．

善來諸佛子　曾結勝緣故　今遇此佳會

勿得生憂怖　一心渴仰法　不出於此時

戒品而沾身　速令離苦趣

既召文畢、讚善激勵、其思法也、主者撫尺一下、誠慰施無畏之意、既召諸已、復召其罪性入金剛掌、

召罪偈

汝等諸佛子　得遇道場中

所有一切罪　召入金剛拳

召罪印　四度內相叉相縛忍願伸如針進力曲如鈎

唵薩哩斡一切巴鉢罪業羯哩沙拿羯磨作法月戌馱納鈎召斡資囉薩埵金剛菩薩手薩麻耶三昧正定吽吹伏撥鈎引

推力鈎召救罪入掌

勾罪經云、自身觀自在菩薩心月輪上、想白色訖哩字、放出火光、如勾、入彼身中、口誦密言、勾攝一切有情、幷自身三惡趣業、其罪黑色、猶如烟霧、而合入我掌中、變成諸鬼形、又金剛頂瑜伽念誦儀云、於進力度端各想一訖哩字、出光勾攝自他身中所有障罪、唱密言時、想彼罪障如鬼、黑色髦毛鬃豎、二羽各齊想勾攝彼罪入於掌中結成罪山、問、罪無實體、云何如彼烟霧耶、答、雖無實體、却能充塞天地、障蔽心目、不能得見諸佛清淨境界、今借諸霧為所

緣境、實有益於事也、既召入掌、
必當爲彼而摧破之、先伸偈云、

摧罪偈

摧罪諸惡業　由如刼火滅
火滅還曾有　金剛碎微塵

摧罪眞言

次結摧罪印八度內相叉忍願伸如針誦呪畢拍手作聲想彼罪山猶如瓦塔而倒

唵斡資囉金剛巴尼手執月斯普吒耶摧碎薩哩斡一切阿巴耶惡趣班

塔拏尼繫縛不囉光明穆恰耶解脫薩哩斡一切阿巴耶惡趣葛諦毘藥

種種罪障薩哩斡一切薩埵喃有情薩哩斡一切荅塔葛達如來斡資囉金剛

三麻耶三昧吽遣除怛囉錯義磨吒末遍拍掌作聲擊開義兩相夾取彼罪以摧碎也

摧滅罪障、與諸惡業、猶如刼火洞然之時、菩薩以大威力、
一唾即滅、然刼火雖滅、一噓猶能復生、我今以金剛杵摧
碎彼罪山、當體如微塵、永不復合也、經云、自身增長
四面八臂觀音、前面青色、右黃、左綠、後紅、想心月輪上青

色嚩哩字、放光照前大道所召之罪、結成罪山、前兩手結摧罪印、左願上怛羅字、是離塵義、右忍上吒字、悟一切法性不可得義、並金色、名菩薩入甚深般若波羅蜜門、右第二手持杵、表摧滅一切有情煩惱軍故、右三手箭、表能穿破諸苦惱故、右四手劍、能斷一切憍慢鎧故、左第二手持鉤、表鉤出有淵所居故、左三手弓、表發智機應當度故、左四手羂索、攝取一切所應化故、身出火光、坐日輪蓮花、足踏烏麻怖畏、誦咒時、二中指搖動、至後一遍拍手作聲、觀彼今罪山、如瓦塔而倒、罪無實體、云何摧耶、答、正謂之無、故今摧之、若決定有、不能摧也、其業障亦有二種、一者業障、二者報障、其業障中、復有現行種子、其現行種子之中、復有定業不定業二種、今摧罪真言、正滅不定業也、偈云、自身觀世音、莊嚴極威猛、四面各變色、青黃綠紅整、八臂形現間、有印手俱秉、杵箭劍右列、鉤弓索左徵、蓮花日輪生、足踏烏麻影、梵語烏麻怖畏、此云白澤神獸、澤音鐸、大輪云、其形體白紅焰、方頰大骨、眉高而廣、口鼻方正、利爪尾長、膚色光潔、似麟無角、似龍身短、有大威力也、

破定業偈

定業不可轉　三昧加持力

無始諸障礙　一切皆消滅

次結破定業印（二羽金剛掌進力曲二節禪智押二度次誦眞言）

破定業眞言

唵斡資囉（金剛）葛哩麻（業成就）月東塔耶（造作）薩哩斡（一切）阿吔囉孥

你（殺賊無生）菩塔薩底曳納（大乘聖）三麻耶（三昧觀智力）吽（破滅）

上來召攝、皆滅不定業也、尚餘有二種、諸佛出世不通懺悔之業、今當破之、偈云、決定之業甾固難轉、今藉禪定印咒觀想之力、遂能轉彼無始障難、與一切罪業、當下消滅、如湯消氷也、當想自身於心月上觀青色嚂哩字、出光照滅、諸鬼衆所有定業、當下消滅、應想自性清淨本空、心佛衆生三無差別、是名破決定業也、大乘千鉢經云、諦觀心鏡、照見心性、唯照唯清、唯照唯淨、徧現十方廓周法界、朗然寂照無有障礙、迦葉佛偈云、一切衆生性清淨、從本無生無可滅、即此身心是幻生、幻化之中無罪福、

懺悔滅罪偈

罪性本空由心造　心若滅時罪亦忘
心忘罪滅兩俱空　是則名爲眞懺悔

次結懺悔滅罪印六度外相叉進力曲二節禪智押二度

懺悔滅罪眞言

唵薩哩斡一切巴鉢慧趣月能斯普吒摧碎怛賀納惑業斡資囉耶金剛莎訶觀智

上來不定與定業悉已破之、未及於彼發露懺悔、先申偈文、令知懺悔之方、若論罪福之性、本來空寂、皆由汝之妄心造作、妄心若滅、罪相奚存、如毘舍浮佛偈云、假借四大以爲身、心本無生因境有、前境若無心亦無、罪福如幻起亦滅、心罪兩忘、當體眞寂、眞如體上、一切罪障、如紅爐點雪、欲覓罪性、了不可得、非但懺悔罪障、即無始根本無明亦從此截斷矣、故曰智者能知罪性空、坦然不怖於生死、如是始名眞懺、及與理懺也、念眞言時、自身觀自在菩薩應想二屈指上并心月上、有白色唬哩字、放光入彼法界有情身中、如日爍露之狀、罪垢消鎔、猶如墨汁、從足流出、滲至金剛際、問前已摧破、今復懺者何也、答前有召摧皆有三密之力、摧滅罪性、至此方是於彼發露懺悔、謂自此懺悔之後、永不復作也、罪屬黑業、故以墨汁表之、自召至此、是滅業障竟、

諸佛子等。既懺悔已。百劫集積罪。一念頓蕩除。如火焚枯草。

滅盡無有餘．

施甘露偈

一滴清涼水　能除饑與渴
彈灑灌頂門　悉令獲安樂

施甘露眞言

次結妙色身如來施甘露印

或云施清涼印、以右羽轉向前、進禪度相彈、施甘露食、

曩謨（皈命）蘇嚕巴耶（甘露水）怛他誐哆耶（如來）怛姪他（即說咒曰）唵、蘇嚕
蘇嚕（甘露）鉢囉（光明出散）蘇嚕（甘露）鉢囉蘇嚕娑訶（力智相彈）（疾成）

以上業障雖滅、報障猶存、如本罪人、雖超其罪、甦其刑罰、而身形領瘦、容顏憔悴、兼之久困牢獄、身體飢羸、當施之以湯藥、飲食、方盡惻隱之心、今則身雖無罪、報障未轉、故此以甘露施之、正欲除其報障也、月密明點本幷蘇魯巴本續云、自身想觀自在菩薩、心月輪上白色嚩哩字放光、照前鬼衆幷右忍指上有一月輪、輪中有白色鑁字、流出

甘露如水銀色、是眞智所成、左手力智點水彈酒虛空、如細雨而下、觸此水者、悉具色相、猛火息滅、普得清涼、離飢渴消滅、心報障、

開咽喉偈

汝等自從無量劫　造諸惡業起慳貪

由此業力閉咽喉　仗此密言悉開通

次結開咽喉印

開咽喉眞言

唵捺麻（皈命）發葛哷諦（世尊）月補辣葛（廣博）得囉耶（身）答塔（忍禪向空彈）葛達耶（如來）

語諸佛子．今爲汝等．作印咒已．咽喉自開．通達無礙．離諸障難．

業火已息、復具色相、而咽喉究竟未通、故當與彼而開通之、先申偈、正申其閉塞之由、謂汝等自從無始以來、廣造惡業、起諸慳貪、我慢邪諂、空腹高心、由此等業、故墮餓鬼、腹大咽小、所以千萬劫不聞漿水之名、二六時中唯受烈

燄之苦、我今持誦密言、令汝咽喉通達無礙、所受之食、得上法味、不復變爲膿血鐵糜也、應觀自身觀自在菩薩、心月輪上字種放光、照諸有情、想左手掌中有青色邪字、變成青色蓮花、花上有白色阿字、流出性水極甚清涼、右手忍禪點水彈洒虛空、彼諸有情觸此水者、咽喉自開、通達無礙、便能出聲、接如來名、此一段是滅報障竟、問、已前俱用嚧哩字、至此又用阿字何也、答、阿字是語種、故以三本續用之也、

密施第五

諸佛子等。我今爲汝。稱讚如來吉祥名號。能令汝等。永離三塗八難之苦。常爲如來眞淨佛子。

七如來名

南無寶勝如來 六度內相又進力頭相拄禪智側豎

捺謨皈命囉怛訥寶怛囉二合耶勝身答塔葛達耶如來

諸佛子等。若聞寶勝如來名號。能令汝等。塵勞業火。悉皆消滅。

以前來業報既盡、復爲彼等稱讚七佛名號、令其聞名觀相、永離苦海、究竟常樂之意也、涅槃云、聞常住二字、尚七世不墮地獄、況如來萬德者乎、華嚴云、設聞如來名、及所說法、不生信解、亦熏成種、自然成佛、如人食少金剛、云云、問、七佛還有前後優劣者乎、答、佛佛道同、無有優劣、所謂語等字等法等身等是也、前後次第者、以諸佛因地各有大願、利益衆生、故以此功能列之、當前者前而後者後也、初以離苦趣業火、末息、故先藉寶勝如來名號、令彼得聞、沃滅業火、聞此佛名、即能滅塵勞之火也、

南無離怖畏如來右羽覆胸前豎、忍禪相捻、掌指垂、左手仰、

捺謨皈命微離葛怛怖畏得二合囉耶最上答塔葛達耶如來

諸佛子等・若聞離怖畏如來名號・能令汝等・常得安樂・永離驚怖・清淨快樂・

業火既已停息、方離幽暗之處、乍觀光明之境、人天混聚、凡聖交參、不無驚怖之狀、故次以離怖畏如來名號、令彼聞之便得永離驚怖、常得安樂、

南無廣博身如來左羽曲如拳、力智對肩彈、右羽金剛掌、進禪對胸彈、

捺謨(敀命)發葛哂諦(世尊)月補辣葛(廣博)得囉耶 身 答塔葛達耶(彈指作聲)(如來)

諸佛子等・若聞廣博身如來名號・能令汝等・餓鬼針咽・業火停燒・清涼通達・所受飲食・得甘露味・

恐懼已息、針咽永透、故稱此如來名號、令彼聞已一聆洪名、壅塞門開、業火永熄、清涼通達、所受之食不復變爲鐵丸銅汁也、

南無妙色身如來 左羽竪胸前、力智指相捻、右羽曲舒展、手掌皆仰下、

捺謨(敀命)蘇嚕入耶(施甘露) 答塔葛達耶(如來)

諸佛子等・若聞妙色身如來名號・能令汝等・不受醜陋・諸根具足・相好圓滿・殊勝端嚴・天上人間・最爲第一・

雖食甘露而色相猶然不滅、當稱斯佛名號、令彼聞矣、一聆洪名、便得不受醜陋而得相好圓滿、到此方脫鬼畜形也、

南無多寶如來 二羽虛合如蓮花狀

捺謨皈命波虎多囉帕納二合耶寶答塔葛達耶如來

諸佛子等・若聞多寶如來名號・能令汝等・具足財寶・稱意所須・受用無盡・

色相雖具而衣冠不整、受用乏少、復令彼聞如來名號、便得莊束整齊、財寶豐足、稱意所需也、

南無阿彌陀如來右羽壓左羽禪智相拄

那謨皈命阿彌怛婆耶無量壽答塔葛達耶如來

諸佛子等・若聞阿彌陀如來名號・能令汝等・往生西方・極樂淨土・蓮花化生・入不退地・

既已適其所願、悉在閻浮信心難堅、又不能常值諸佛親承供養、雖蒙法化、難階不退、故稱彌陀名號、一聞其名、即得往生極樂世界、蓮花化生而入阿鞞越致地也、

南無世間廣大威德自在光明如來右羽曲仰掌忍禪相彈左掌仰上五指舒誦咒

那謨皈命盧迦世間委斯諦廣大令捺二合弟威德喞說囉自在不囉二合發

耶光明答塔葛達耶忍禪相彈如來

諸佛子等・若聞世間廣大・威德自在・光明如來名號・能令汝等・獲得五種功德・一者於諸世間最爲第一・二者得菩薩身・端嚴殊勝・三者威德廣大・超過一切外道天魔・如日照世顯於大海・功德巍巍・四者得大自在・所向如意・似鳥飛空而無阻礙・五者得大堅固智慧光明・身心明徹・如琉璃珠・

復稱此名號者、所謂統衆德而大備、燦群昏而獨照、一歷耳根、遂得五種功德、設在世間、世間中尊、如悉達初生、即日、天上天下、唯我獨尊、又不受異生之身、相好端嚴、威德廣大、如太子墮地、貴壓群臣、又有大自在力、所向如意、飛行自在、無諸阻礙、又得金剛不壞之體、具大智慧之因、身心明徹、如琉璃珠、不歷僧祇、頓悟法身、具此等義、可謂盡善盡美矣、此滅煩惱竟、

諸佛子等・此七如來・以誓願力・拔濟衆生・永離煩惱・脫三塗・苦・安隱常樂・一稱其名・千生離苦・證無上道・二稱其名千生

離苦證無上道。三稱其名。千生離苦證無上道。

此總言七佛如來、誓願廣大、拔濟衆生、離苦得樂、若一稱名、便能千生離苦、證無上道、救拔餓鬼經云、佛告阿難、若人欲求長壽福德增榮、滿足檀波羅蜜、每於清晨及一切時、取一鉢盂、盛以淨水、置少飯麪及餅食等、右手按器、作無量威德陀羅尼法、誦變食真言二十一遍、後稱五如來名號、謂多寶、寶勝、妙色身、離怖畏、廣博身、稱名號已、彈指七遍、至晚取其食器、傾之淨處、作此施矣、諸鬼神等皆獲充足、捨此身矣、必生天上、如是供養與佛無異、復增名者、彼佛願力接引衆生、往生極樂、故加增之、重在此戌亥二時、若過是時、於事無益、凡持戒居山者、亦可作此法、結來生緣、每於清晨以鉢盛水、安置佛前、持大悲咒二十一遍、至午供佛飯一器、持變食真言二十一遍、至晚持尊勝真言、二十一遍、稱七如來名號、然後散食、次與彼受三皈、發菩提、受佛戒、施法食、圓滿行人利生之事也、

受三皈

次與汝等歸依三寶

歸依佛兩足尊。歸依法離欲尊。歸依僧衆中尊。皈依佛不墮地獄。歸依法不墮餓鬼。皈依僧不墮畜生。汝等佛子。皈依佛

竟皈依法竟歸依僧竟

歸依三寶故　　如法堅固持

自離邪見道　　是故志心禮

次結三寶印 左羽金剛拳力度拄進度頭節在內右羽金剛縛禪度押智度頭在外竪當胸

唵婆引 重呼釋迦佛字龕出諸聖種是佛十方賢法義

皈依三寶、能免三塗、自受之後、當如法護、遠離邪徑、直趨覺岸、越此無由矣、婆龕亦云步欠、即實相義、所謂一切法等同虛空、離諸色相及障礙也、實相無相、無相不相、故名實相、即有一性一體三寶之義、

發菩提心

南無佛　　南無法　　南無僧

我今發心不爲自求人天福報聲聞緣覺乃至權乘諸位菩薩唯依最上乘發菩提心願與法界衆生一時同得阿耨多羅三藐三菩提

次與彼發菩提心、發有二義、一開發、二顯發、行者則云、顯發、衆生當云開發、本有覺心也、故下申偈云、

今所發覺心　遠離諸性相
蘊處及界等　能取所取執

此偈即理趣六波羅蜜經發心之偈、覺心者即菩提心、遠離性相等者、若依於性則平等寂靜、尚無生佛之殊焉、有上求下化之事、依相發心、悉墮二乘、相有生滅、染淨千差萬殊、楞嚴云、若於因地以生滅心為本修因而求佛乘不生不滅、無有是處、以世間相體非常住、依此發心悉墮凡夫、揀此二過、故不依也、乃至不依五蘊六入十二處十八界、能取所取、即心境惑業根緣等而發其心、謂但有依、即是能取捨生滅之心、非無住眞心、故曰遠離諸執也、

諸法悉無我　平等如虛空
自心本不生　空性圓寂故

云何要離一切諸法、以一切法無實主宰、本來平等、猶若虛空、豈虛空而復有所依耶、經云、虛空無所依、云何知如空耶、謂自心昔本不生、今亦不滅、實相無相、週遍清淨、名為自性涅槃、空寂如之、故取為喻、非謂虛空即涅槃性、何也、以虛空是頑然無知之物、豈比靈覺之性、昭昭不昧、了了常知、古人云、不同虛空、性自神解者是也、

如諸佛菩薩　發大菩提心
我亦如是發　是故志心禮
諸佛菩薩既不依如上等法而發其心、我今亦以此而發心、以故至心頂禮也、
次與汝等・發菩提心・汝等諦聽・
諸佛與我皆發是心、是故汝等亦當此法式而皈依三寶、發菩提心也、華嚴云、欲見十方一切佛、欲施無盡功德藏、欲滅衆生諸苦惱、宜應速發菩提心、
假使熱鐵輪　於汝頂上旋
終不爲此苦　退失菩提心
上來藉偈開導彼岸、欲其速發大心、今正欲彼誓發大心也、如世尊發菩提心時、有大力魔王逼佛皈降、若不爾者、即飛熱鐵輪摧碎汝頭、佛即誓曰、假使熱鐵輪、於是頂上旋、終不爲此苦、退失菩提心、魔聞已讚曰、日可令冷、月可令熱、無上道心難可退轉、若得成佛先得度我、故今借此偈以徵其堅固道心、不可遇緣即退也、出報恩經、

發菩提心眞言

次結發菩提心印二羽虛合如蓮花狀

想與諸佛子同發四宏願、觀心佛衆生是三無差別、

唵菩提覺道即答心沒答巴發達野彌我今師誦咒衆和、三聲、次白云

誦眞言時、應想心中佛衆生三無差別、於一念間融成一廣大月輪、如中秋夜中宵無雲之時、極甚淸淨皎潔、與虛空齊等、於月輪中想一金色阿字、如秋毫之末、非有非無、當爾之時、不得加於了知、上無佛可成、下無生可度、中無行可修煩惱菩提等、若空花、生死涅槃猶如昨夢、此爲大要、學者於此宜用心焉、不惟爲鬼神作利、行者不久亦就此中了解者矣、四食之中識食之義見在此處、何者謂開發衆生本有覺性頓同諸佛妙明眞性、

今爲汝等・發菩提心・諸佛子等・當知菩提心者・從大悲起・成佛正因・智慧根本・能破無明・煩惱惡業・不被染壞・

當知此心是成佛正因也、行願品云、諸佛如來以大悲而爲體故、因於衆生而起大悲、因於大悲生菩提心、因菩提心成等正覺、從三昧至此方是破煩惱障、何則、以諸煩惱非定不伏、非智不破、智慧一起、諸惑自除、猶如明生暗絕、今發大心、智慧從茲而起、一受大戒、禪定因之而生、定慧具足、何患無明煩惱而不能破乎、此名斷惑足可徵矣、

發三昧耶戒

次與汝等受三昧耶戒。

汝等受佛戒　即入諸佛位

位同大覺已　眞是諸佛子

受三昧耶戒眞言

次結三昧耶印（二羽金剛縛、六度外相叉、忍願伸如針、）

唵（引）三昧耶（戒體也定共戒）即　薩埵（普賢菩薩）鍐（梵行戒也）

今與汝等。受三昧耶戒竟。從今已去。能令汝等。入如來位。是眞佛子。從法化生。得佛法分。

上來既發大心、堪受三昧耶戒而入佛子數也、先申梵網經偈、汝等受佛戒、即金剛光明寶戒也、一受此戒、衆生受佛戒、即入諸佛位、位既同大覺、方是眞佛子耳、何也、夫行與佛戒佛同、受佛氣分、既遊道胎、親奉覺胤、十身靈相、一時具足、豈非佛子乎、即圓教十住位、金剛三昧耶經云、明悟佛性者、如是之人不存二相、雖不出家、不住在家、雖無法眼、亦不具戒、能以自心、無不自恣而獲聖果、大乘千缽大教經云、如來心法、金剛自性、本來清淨、究竟寂滅、名之為戒、果悟此戒體性、一切寶戒自圓、頓入如來位、名為佛子也、次結印誦咒者、是平等義、除障義、警覺義、金剛頂經云、如入壇輪、證三摩地、一切義法、皆悉具足、三聚淨戒、俱時圓滿、應想印中有白色鑁字、放大光明、普照所召一切有情、蒙光照觸、三世諸佛戒波羅密、一時圓滿、法界善法、想為光明、流光灌頂、貯彼身中、身同普賢、坐大月輪、紹諸佛職、為佛嫡子、次以舍利弗自肯之詞而喜論也、戒即法身、悟此者、如初生也、又非四生之生、乃從如來口生、從法化生也、內障既淨、外相自嚴、又發大心、并受佛戒、方名法器、堪受法食、淨名云、於法等者、於食亦等、若非其器、縱受甘露、翻成毒藥、如獅子乳、要琉璃瓶貯之、若非其器則裂、既稱佛子、當施之以法食、資養彼等法身慧命、不斷佛種也、

施甘露食偈

汝等冥陽諸有情　吾今施與甘露食

法力加持遍十方　令汝一一皆飽滿

施甘露食真言

次結無量威德自在光明如來印右羽曲仰拳、戒禪相彈、左掌仰上、五指舒、

唵薩哩斡一切答塔葛達如來阿吒嚧揭諦鍐跋囉跋囉三跋囉
等施食無遮會三最勝三妙跋囉戒指相彈等供吽湧出擁護遣魔三義
諸佛子等・今為汝等・作印咒已・變此一食・為無量食・大如須
彌・量同法界・終無能盡・

此施食印咒、乃是如來在觀世音菩薩所受得者、及傳阿
難、亦止此一章而已、前後印咒皆是金剛上士遵瑜伽部
集出、自利利他始末之由、而成一期佛事者也、是印咒者
乃無量威德自在光明如來之咒印、於中觀門不可不精
用心、此若不到、則前所作功德唐捐矣、應以右手怖畏彈
洒先結此三尖印、觀赤色吽字出光、念吽吽發恒三遍、遣左
手魔礙、問、手有何魔、答、謂手中有諸尸蟲、令迴避也、次彈
指三下、念唵放、觀一放字變空、問、空手何義、謂此手是父
母赤白二點不淨之種所成、故今空之、復以一念間變成
勝妙莊嚴之手、於如來兜羅綿手、無二無別、問、上來入定
已增長自身成觀音、今復何故又遣魔變空、答、法華經云、
世尊說無量義矣、又入三昧放光、至開寶塔、又入定放光、
豈不濫耶、蓋因一事而彰一法、譬如世禮、祀宗廟之人非
不齋戒沐浴、及至登殿之時、却又盥手、何也、謂表敬也、今
再遣魔變空、表慈之深、悲之極、用心之切也、既頓變矣、復
於左手掌中冠一紅色哵字、變成紅色蓮花、花上有白色

鍐字、月密明點中、流出無盡飲食、復想面前水器盡爲摩竭陁國之斛、七寶嚴飾、盛滿甘露、勝妙飲食等、然復想此字種所變之食、徧滿法界、念唵啞嚂哩吽一百八遍、當爾之時、加持令廣大、次念變食眞言二十一遍、以右手戒禪二度於中點明、點取甘露彈洒虛空、侍者當壇散食、俾令事理相應、不虛禪觀也、摩竭陁國之斛一斛、有我國四十九斗、所謂斛食者、乃桶斛也、食飯也、名七七之數、七粒能變七斛、七斛能變四十九斛也、七而又七、變成十方無量之法食也、故云斛食、白云、今爲汝等作咒印矣、變此一食爲無量食、大如須彌、量同法界、縱使窮劫取之不盡用之無竭也、

乳海偈

由此眞言力　變食作乳海

普施餓鬼等　身心皆飽滿

乳海眞言

復結前印誦乳海眞言

南無（皈依）三滿多（普）勃馱喃（賢）鍐（戒指彈水）

汝諸佛子·今為汝等作印咒·已由此印咒·加持威力·想於印中·流出甘露·成於乳海·流注法界·普濟汝等·一切有情·充足飽滿·

上來但變種種勝妙飲食、未曾融成一味、慮恐不均、越佛慈濟、故復念此乳海眞言、申此咒力、融彼諸食皆成乳海、如會衆流、統為一味、普施餓鬼、令彼身心皆悉飽滿、受用無乏也、問、食祇可養身、云何心亦飽也、答、謂此食即法食也、食可資身、法能養心、即上法喜等義、復結前印、念眞言時、應想鍐字明點中流出甘露、右手點取彈洒虛空、如雨注下、凡所至處、即成長河酥酪也、問、何以小少器水等遍法界、答、心力難思故也、況又藉神咒及字種觀想等力乃至諸佛冥如禪定之力、豈不能變小為大、化少為多也、且如欒巴一巵之酒、以術力故、尚能化為霖雨、何況神咒之力者乎、行者不可不用心焉、後漢欒巴為尚書郎、誕日、聖上賜酒、向蜀噀之、有司奏不敬、巴奏曰、臣成都失火、故噀酒救之、後成都失火、得雨而滅、雨中有酒氣、是其事也、宗鏡錄云、以有如此大願智力、法性自體空無性力、一切所作自然成辦、凡夫執着、妄見局礙、執障若無、萬法隨有、不離一眞之境、化儀百變矣、是以箭穿石虎、非功力之所能、醉告三軍、豈麴蘗之所造、筭抽寒巖、非陽和之所發、魚躍氷河、豈網羅之所致、悉爲心感、致此靈通、故知萬法施爲、皆因自心力耳、余義準思、

障施鬼偈

汝等業障鬼　變火不能食

今誦秘密言　法食皆飽滿

次結障施鬼印

障施鬼眞言

唵啞吽三字種各出供養海雲撈辣輪壇彌擔量光薩哩斡一切不囉的法食善至妙味出施毘牙二合、遍一切處莎訶彈指

此復恐彼等業障深重、雖已普施甘露、未及聞名覩相、而其報障猶存、卒難解脫、或見飲食仍變猛火、我今再誦密言加持前食、盡成法食、不復轉爲苦緣也、誦眞言時、應展垂左手、想鑁字明點中、流出甘露、從右掌而下、念唵啞吽

唵吽四十九遍、侍者至師前問訊、取淨瓶水出壇、向東立、候行者念眞言彈指時、侍者云、淨水徐徐注下、行者至唱時、想彼障施鬼盡皆胡跪、復想自身觀音、遍至其前而傾甘露、從頂門上滅其業火、普得清凉、再誦眞言五遍、各彈指一聲、

誠普施文

諸佛子等、雖復方以類聚、物以群分、然我所施、一切無礙、無高無下、平等普遍、不擇寃親、今日勿得以貴輕賤、以强凌弱、擁遏孤幼、令不得食、使不均平、越佛慈濟、必須互相愛念、猶如父母憶子之想、汝諸佛子、汝等各有父母兄弟姊妹妻子眷屬、善友親戚、或有事緣、來不得者、汝等佛子、慈悲愛念、各各賚持飲食錢財物等、遞相布施、充足飽滿、無有乏少、令發道意、永離三塗、長越四流、當捨此身、速超道果、又爲汝等將此淨食分爲三分、一施水族、令獲人空、二施毛羣、令獲法寂、

三施他方稟識陶形悉令充足獲無生忍

方以類聚者、如前召請四方四隅、各以其類而此安置、聚集一方、物以群分者、物即六道四生靈之物、各隨群隊而分之也、三塗即三惡道、是十惡業者所履之道也、四流即天人修羅神仙、皆不免流轉也、水族者、即濕居鱗甲之屬、由無明故、愚於我相、深生貪着、情多下墮、故墜水族、一沾法水法食、頓獲人空、毛群者、即飛禽走獸之類、楞嚴云、七情三想、流入橫生、重為毛群、輕為羽族、此皆不達諸法本空妄生情想、若沾法食、異執冰消、唯心理現、諸法自空耳、稟識者、非有色四蘊而無形質、如四空天、舜若多神等類是也、陶形者、有色形色而無心者也、如無想天及神像有色等是也、如食香積如來之飯也、未得聖果者、即得聖果、然後乃消、未得法忍者、食此飯時、即得法忍、若今之甘露法食、但有沾之者、皆離苦得樂、究竟證於無生法忍也、無生之法忍、秖在於心、名無生法忍、餘不繁釋、

普供養偈

神咒加持淨法食　普施河沙衆鬼神

願皆飽滿捨慳貪　速脫幽冥生淨土

普供養眞言

次結普供養印二羽直合忍願屈二節誦眞言

唵葛葛納虛空藏三婆縛出生無盡斡資囉金剛三昧斛

上來所建種種供養、普供於六道也、淨名云、法施會者、無前無後、一時供養一切衆生、是名法食會、念眞言時、應想屈中指處有白色唵字、明點中流出無盡供養、具足莊嚴、次結印默念梵五供、施寶錯、念斯麻囉等、出聲念普供養眞言七遍、問、最初既奉三寶施食已竟、今復何故作此供養、答、前之所作猶揀凡聖、故先奉三寶、後施鬼衆、今融以平等供養、心佛衆生三無差別、聖凡一體貴賤等觀、所以普供養也、

回向第六

回向文

諸佛子等・從來所受飲食・皆是人間・販鬻生命・酒脯錢財・血肉腥羶・葷莘臭穢・雖復受得如是飲食・譬如毒藥・損壞於身・但增苦本・沉淪苦海・無解脫時・我今依
如來教・精誠罄捨・設此無遮・廣大法會・汝等今日・遇茲勝事・

戒品霑身·於過去世·廣事諸佛·親近善友·供養三寶·由此因緣·値善知識·發菩提心·誓願成佛·不求餘果·先得道者·遞相度脫·又願汝等晝夜恒常擁護於我·滿我所願·以此施食·所生功德·普將回施法界有情·共諸有情·同將此福·盡皆回施·無上菩提·一切種智·勿招餘果·願速成佛·願速成佛·

此文最顯、依義可知、無非激勵佛子等衆、不復思其人間生命之食、離諸苦海、永得解脫、今受法食、發廣大心、誓願成佛、遞相度脫、皆得道果、然後方滿我施食之願也、所以我之施食、普濟法界有情、無非欲諸有情同將此福、普皆回施於佛果也、侍者白此文畢、然後云

次爲汝等稱誦尊勝眞言、令汝往生、

尊勝咒

大衆同諷

唵·嚐嚨莎訶·唵·捺麻癹葛斡帝·薩哩斡·得囉盧迦·卜囉諦·月涉瑟吒耶·勃塔耶·爹·捺麻答的牙塔·唵·嚐嚨·嚐嚨·嚐嚨·衿訛

塔耶・杓訥塔耶・月杓訥塔耶・月杓訥塔耶・啞薩麻・薩蠻達・啞
斡癹薩・思葩囉拏・葛諦葛葛拏・娑癹斡・月延提・啞撒擅・頁都
羚・薩哩斡・答塔葛達蘇葛答・瓦囉斡抮拏・啞窣哩達・啞撒釋
該而・馬曷木得囉・曼特囉・叭罘・啞曷囉・啞曷囉・馬麻藹由而・
傘塔囉尼・杓訥塔耶・杓訥塔耶・月杓訥塔耶・月杓訥塔耶・葛
葛拏・娑癹斡・月延提・烏失尼沙月抮耶・巴哩延鐵・薩曷思囉
囉思彌・傘租爹敵・薩哩斡・答塔葛達・啞斡嚕結尼煞吒・巴囉
窣達・巴哩卜囉尼・薩哩斡・答塔葛達麻諦・答攝蒲窣・卜囉牒
瑟吒諦・薩哩斡・答塔葛達赫哩達耶・啞牒瑟吒拏・啞牒瑟吒
諦・木得哩・木得哩・馬曷木得哩・斡資囉葛耶・三曷達拏・叭哩
延鐵・薩哩斡葛哩麻・啞斡囉拏・月延鐵・卜囉牒聶・斡而達耶・
馬麻藹由而・月延提・薩哩斡・答塔葛達薩麻耶・啞牒瑟吒拏・

啞喋瑟吒諦·唵·摩尼·摩尼·摩訶摩尼·月摩尼·月摩尼·摩訶月
摩尼·麻諦·麻諦·馬曷麻諦·麻麻諦·莎麻諦·答塔葛達蒲達戈
逭·巴哩迬提·月思蒲吒·卜鐵·迬鐵·希希撈耶·撈耶·月撈耶·月
撈耶·思麻囉·思麻囉·思葩囉·思葩囉·思葩囉耶·思葩囉耶·薩
哩斡勃塔·啞喋瑟吒拏·啞喋瑟吒諦·迬鐵·迬鐵·卜鐵·卜鐵·斡
資哩·斡資哩·馬曷斡資哩·莎斡資哩·斡資囉葛而毘·撈耶葛
而毘·月撈耶葛而毘·斡資囉·左辣葛而毘·斡資嚕·忒葩微·斡
資囉·二葩微·斡資囉·斡資哩尼斡資嚧·癹斡都麻麻攝哩嚧·
薩哩斡·薩埵南·撈葛耶·巴哩迬提·癹斡都·薩埵彌·薩哩斡葛
諦·巴哩迬提·釋哲薩哩斡·答塔葛達·釋哲羚·薩麻刷·薩顏都·
卜鐵·卜鐵·悉鐵·悉鐵·勃塔耶·勃塔耶·月勃塔耶·月勃塔耶·謨
撈耶·謨撈耶·月謨撈耶·月謨撈耶·杓訛塔耶·杓訛塔耶·月杓

訖塔耶·月杓訖塔耶·薩蠻達·謨拶耶·謨拶耶·薩蠻答囉思彌·巴哩逑·提薩哩斡·答塔葛達赫哩達耶·啞牒瑟吒拿·啞牒瑟吒·諦木得哩·木得哩·馬曷木得哩·馬曷木得囉·曼特囉叺諦·莎訶·

此咒共有五譯、此其一也、同聲此處稱念此咒者、令圓滿佛事、圓滿復有二、一神咒圓滿、二善根圓滿、此即神咒圓滿也、主者持花米於手中、表大衆同聲念誦、此咒加持此米、想成光明種巳、侍者出壇散洒、師想佛子觸此光者、皆得往生極樂國土、上品上生也、尊勝經云、佛在忉利天、諸會處善法堂上、為衆說法、時有善住天子、躭着天樂、於其夜分空聲告言、善住天子、勿自貪着、汝七日內必當命終、生於閻浮、經歷七趣、又墮地獄、後生人中貧窮下賤、生無兩目、天子聞已、驚恐惶怖、具白天主、當奈之何、天主思惟、欲免此苦、惟有如來應正等覺、是所歸趣、於是同詣佛所、頭頂禮敬、具白善住七趣之事、爾時世尊頂放光照十方界、還復口中、現微笑相、告帝釋言、有一總持名佛頂尊勝、乃八十萬億俱胝恒沙諸佛所總攝受一切如來智印、能於如來令受灌頂、能護一切有情盡除業障、令生樂趣、所生之趣、能知宿命、若持誦之、壽盡者、現獲益壽、一切地獄鬼畜等界悉皆成空、能開一切佛國天界之門、隨願往生等、唐有梵僧名佛陀波利、罽賓國人、航海而來、忘身殉道、遍觀靈跡、聞文殊菩薩在清涼山、遠涉流沙、儀鳳五年杖錫五臺、虔誠禮拜、冀覩聖容、忽見一老翁從山而出、謂波利曰、師何所求、利曰、聞大士隱跡此山、從印土來、欲求瞻禮、翁曰、師從彼國、還將佛頂尊勝經來否、此土眾生多造諸惡、出家之輩亦多所犯、佛頂神咒除罪秘方、速歸持來、流傳此土、廣利群品、拯接幽冥、即是徧奉諸聖、報佛恩德、取經來至、當示所在、波利聞已、向山作禮、舉頭之頃不復見其踪跡、遂歸取經、既達帝城、詔鴻臚寺日照三藏等於內共譯、留內未行、波利奏曰、委棄身命、志在利人、請帝流行、是所望也、遂還梵本於僧、順真重譯流行、有偈曰、西域尊者往東來、却被文殊化引開、東土若無尊勝咒、孤魂難以脫塵埃、前後五譯咒、亦大同小異、廣播華夏者、惟南無尊伽伐帝一咒而已、後嚐嚧者乃出明朝仁孝皇后夢感佛說希有功德經、後學當以藏本為正、若誦若持、能淨業障、令生樂趣、現獲益壽、能閉惡道門、能開諸佛國、故此誦之、令圓滿佛事、畢利生之功德也、

復念往生咒三遍

謂誦此咒、能拔一切業障根本、得生淨土之津梁也、若想若誦、則西方三聖執金剛臺放光接引往生也、復念六字真言、

尊勝幢菩薩摩訶薩稱三

六趣偈

承斯善利．地獄受苦有情者．刀山劍樹變化皆成如意樹．火團鐵丸變成蓮花而為寶吉祥．地獄解脫而能成正覺．

承斯善利．餓鬼受苦有情者．口中烟燄燒身速願得清涼．觀音手內甘露自然常飽滿．吉祥．餓鬼解脫而能成正覺．

承斯善利．畜生受苦有情者．殺害燒煮楚毒等苦皆遠離．遠離乘騎愚癡速得大智慧．吉祥．畜生解脫而能成正覺．

承斯善利．人間受苦有情者．生時猶如摩耶右脇而降誕．願具六根永離八難修福慧．吉祥．人間解脫而能成正覺．

承斯善利．修羅受苦有情者．我慢顛狂拙朴速疾令柔軟．惡心嫉妬嗔恚鬬諍自調伏．吉祥．修羅解脫而能成正覺．

承斯善利．天中受樂有情者．欲樂策懃速發廣大菩提心．天中受盡憂苦自然生歡悅．吉祥天中解脫而能成正覺．

承斯善利．十方獨覺聲聞者．棄捨小乘四諦十二因緣行．進趣大乘四攝六度修萬行．吉祥二乘解脫而能成正覺．

承斯善利．初地菩薩勇識者．百福莊嚴一切行願皆圓滿．頓超十地證入一生補處位．吉祥大乘速證究竟成正覺

承斯善利者、謂此施食之善利也、五趣皆轉苦具爲樂緣、天則捨樂而發覺心、如兜率天子聞天鼓音、悟得樂非常住、久必壞生、畢竟是苦是空、而發心求出離也、二乘承斯善利則回心向大乘、四諦十二因緣而修六度萬行、初地菩薩承此善利則福慧具足、頓超十地、圓滿菩提、歸無所得也、至此能事畢盡已、行者發願回向、

發願偈

現世之中未證菩提間．願無內外障難惡緣等．恒常遇逢．最妙善知識．所修善事．行願速成就． 最上三寶

臨命終時．識性無迷惑．願生西方淨土如來前．依於慧日法光聞思修．斷惑證眞慇念於有情．　最上三寶

能回施人．迴施迴施善．所獲一切一切諸功德．猶如幻化幻化似夢境．三輪體空．能施之人、所施之法、受施之者、故曰三輪、若不住相、則三輪體空回向矣、體空悉淸淨．　最上三寶

吉祥讚

願晝吉祥夜吉祥　願諸三寶來攝授

晝夜六時恒吉祥　願諸上師來攝授

一切時中吉祥者　願諸護法常擁護

回向者有三、一回向一切有情、二回向無上菩提、三回向眞如實際、此中三回義皆具、若不回向、則被相縛、盡屬有漏之法、譬如百川之水、若歸大海、則等同一味、若回已功德而向實際、則一一功德、皆如法性、廣大無涯、無有不成佛也、所以云、眞流之行、還契眞源、若因若果、統歸實際、若此密門、凡作少利益、必須回向發願、不可歸功於已、若不如

是壁有漏矣、文中鈎鎖連環、義意不斷、最極明顯、識者自詳、求索願事、並隨行人及諸主之意、

南無西方無量壽如來．諸大菩薩．海會聖衆．惟願法界存亡等罪消除．同生淨土．回向無上佛菩提．

圓滿偈

願以此功德　普及於一切

我等與衆生　皆其成佛道

次結圓滿奉送印二羽作金剛拳、進力二二相鈎、隨誦而掣、三誦三掣印

圓滿奉送眞言

唵斡資囉二合穆吃吒金剛解脫穆空義

人事已畢、當普奉送、先伸偈云、三密證作法時應想諸佛菩薩四生六道悉皆不現、總而言之、而實無來去、若有來去、何異常情、若無迎送、不成禮儀、謂法身如來、本無生滅、從眞起化、接引迷根、以化即眞、貴應一際、即不來不去、故金剛云、無所從來、亦無所去、又化即眞、本無去來、從眞流化、現有往還、即不來來相而來、不見相而見也、不去來相而來、

似水月之頓成、不見相而見、猶空花之忽現、譬諸幻事、雖無來去、以幻力故、分明可見、我今所作、亦復如是、隨顯智力、萬象頓彰、化事既畢、諸相奚存、緣生無性、法應故爾、法華云、諸法從本來、常自寂滅相、又如善財參毘目仙人、仙人執手即入三昧、具見微妙莊嚴等事、爾時仙人還攝神通、須臾不現、此其證也、

圓通偈

見聞如幻翳　三界若空華

聞復翳根除　塵消覺圓淨

見聞者、六根之首也、謂見聞覺知之六根、皆由前塵之所黏發、正眼看來、猶如幻翳、是以三界宛然空花、何則以目所有翳、妄見空花、翳病若除、何花之有、若能返聞自性、則聞根自復、一根既返源、六根同解脫、翳除塵消、覺心明淨、淨極光通、寂照含虛、返觀世間、猶如昨夢耳、

功德文

伏以眞源湛寂．乃罪性之本空．苦海洪深．逐妄波而不息．由衆生之業感．致長劫以沉淪．受報地獄之中．永罹苦楚．轉生

餓鬼之內。長忍饑虛。既無解脫之期。寧有超昇之路。匪仗如
來之慈願。曷解惡趣之倒懸。咒誦眞詮。施甘露之法食。燈燃
寶炬。燭冥界之幽途。普使迷流。俱超極樂。今日道場。以此普
施功德。回向鐵圍山內。面然大士。統領三十六部。無量無邊。
恒河沙數。諸餓鬼衆。

光明疏問云、何謂神、答、神者能也、大力能移山塡壑、小力能隱顯變化、云何曰鬼、婆娑論云、鬼者畏也、虛怯多畏、又威也、能令人畏其威也、又希求名鬼、謂彼餓鬼恒從他人希求飲食、以活其命、神之與鬼、淨名疏云、皆鬼道也、而有優劣之殊、粗分三品、細分九類、三品者、正理論云、一無財、謂不得飲食、二少財、謂少得飲食、三多財、謂多得飲食、無財中分三、一臭口、二炬口、三針咽、少財中分三、一針毛、二臭毛、三大癭、多財分三、一得棄、二得時、三勢力、即藥叉羅刹毘舍遮等、所受富樂、類於人天、彼皆人間一月、鬼爲一日、壽五百歲、儒者鄭玄子云、聖人之精氣、謂之神、賢人之精氣、謂之鬼、戶子云、天神曰靈、地神曰祇、人神曰鬼、三十六名者、一波吒薜荔多、二婆羅門仙、三婆吒達害大力、四若夜叉吉遮、五波羅刹食不淨、六飢虛食糞、七波吒富單那、八婆叉人吉遮、九婆羅多熱病、十阿附邪傳送、十一波吒吉遮、十二毘陀羅多、十三若犍陀羅、十四烏摩勒迦、十五阿跋摩羅、十六鳩槃茶羅、十七毘舍闍多、十八韋陀

羅多、十九附物爲怪、二十風行妖怪、二十一畜行精魅、二十二蟲成蠱毒、二十三瘟衰癘瘧、二十四陰昧幽祇、二十五精明魍魎、二十六明靈役使、二十七阿利帝母、二十八食小兒精氣、二十九河海精魅、三十波吒食尿、三十一日月薄蝕、三十二波羅遮文荼、三十三婆吒食涎便、三十四波吒食濃涕、三十五婆吒食胎血、三十六婆吒摩羅、此乃鬼神中之王、能統、領無量諸鬼、魁其主則部落從矣、伏願。自從曠劫。直至今生。釋業障以消鎔。雪罪愆而清淨。鑊湯湧沸。變成八德之蓮池。爐燄交輝。化作七珍之香蓋。劍樹皆爲玉樹。刀山盡作寶山。遍界鐵床。現菩提之法座。滿釜銅汁。化甘露之醍醐。往昔債主以相逢俱蒙解脫。積劫寃家而共會。各遂逍遙。獄主興慈。冥官持善。多生父母。從茲入聖超凡。累世親姻。自此承恩獲福。天上五衰不現。天帝將死而現此衰相也、有大小之分、涅槃經云、一花冠萎落、二腋下汗流、三衣裳垢染、四身體臭穢、五不樂本座、小者俱舍論云、一衣服香絕、二身光忽滅、三浴水沾身、四本性驅馳、五兩目眴動、大現必死、小者不定、遇緣而可救也、人間四相皆空。我相、人相衆生相、壽者相、修羅捨盡嗔心。地獄息諸苦惱。

河沙餓鬼。化熱惱而作清涼。舉此以明數之多也、此河在西域香山頂上、有無熱惱也、水流出四河、恒河在南、廣四十里、沙逐水流、其細如麵、佛常在此說法、舉此爲喻、十類含生。捨迷途而登覺岸。普願此國土。他國土。無量諸國土。一切有情。共證眞常。此世界。他世界。無量諸世界。無盡含識。齊成佛道。四恩普報。一父母慈悲顧復之恩、二師長有訓導願成之恩、三國王有正法治水土之恩、四三寶有利樂有情之恩、僧俗通俱、若能供養給事得無量福、未來必能成佛道也、三有均資。欲有色有、無色有、即三界因果不忘謂之有、法界衆生。同圓種智。文中無非發明衆生從眞起妄、淪溺諸趣、故如來興慈運悲、特駕般若之航、普載諸迷流、俱登解脫之岸、返妄歸眞、究竟成於無上菩提也、

皈願頌

諸佛正法菩薩僧　直至菩提我皈依

我以所修諸善根　爲利有情願成佛

世出世間　隨願所成　隨願所成

此乃再皈依三寶也、始日未證菩提之間、誓願皈依三寶、今日直至菩提、我皈依正法、源始要終、莫不乘三寶之力、故不敢忽也、復以所修善根、非專爲己、廻爲法界衆生、同時成佛、又願世出世間之法、隨願處所成、畢竟無諸障礙也、

金剛薩埵百字咒

唵斡資囉薩埵蘇（金剛菩薩普賢）薩麻耶（三昧）麻納巴拺耶（願守護我）斡資囉薩埵諦（金剛菩薩）奴鉢諦瑟劄（願安住我）得哩鋤（願堅固我）彌發瓦（以爲）蘇度東（身心遍悅）彌發瓦（以爲）阿奴囉（無上）屹都（恒常）彌發瓦（以爲）蘇度東（歡笑喜言）彌發瓦（以爲）薩哩斡（一切）些提彌（成就）不囉耶察（授與我）薩哩斡（一切）葛哩麻（作法）蘇摻彌（及諸事業）稷達（心）釋哩揚（安穩）郭魯（作法）吽（出生）訶訶訶訶斛（大秘密笑聲）發葛彎（世尊）薩哩嘎（一切）答塔葛達（如來）斡資囉（金剛）麻彌捫摻斡資囉發斡（今我以爲金剛）麻訶（大）薩摩耶（三昧）薩埵（普賢菩薩）阿

此咒乃補闕之謂也、或行者手印不次第、觀想不專注、眞
言悉諦訛、如是等過、誦此咒已、悉皆清淨、復回觀自心月
輪上金色阿字、一氣默持二十一遍、則前來能想所想一
一作行、皆不可得、若不如是、則墮有爲矣、問、初入壇時、則
以嚂哩字爲主、此處何得又觀阿字、豈前後所主不同耶、
答、嚂哩字者、是大悲眞體、利生妙智、故初以之爲主、主阿字、
者無生義、亦名菩薩威力、入無差別境界、如上所作、皆以
如幻三昧、宴坐水月道場、降伏鏡裏魔軍、成就夢中佛事、
雖有種種差別、以此字威力印之、當體亦無差別、究竟證
入無生自性之涅槃也、又上來所作、皆從因緣生、而法性
實無生也、中論云、諸法從緣生、則復從緣滅、緣生法不生、
緣滅法不滅、於吾體上何曾有絲毫增益損減也、所謂發
口豈易
語哉、

薛荔多文 除五佛冠

五姓孤魂薛荔多　莫教平地起風波
慈航泛漲須到岸　洗脚上船會也麼
已發覺　未發覺　莫論酆都並泰岳
罪無輕重盡蠲除　何須一一重懲愆

已結證　未結證　　打破閻君臺畔鏡
慈風掃蕩障雲消　　萬里青天孤逈逈

諸佛子等會也麼。休休休。更莫造罪結冤讎。釣竿已在閻君手。切莫從前再犯鈎。即今施食圓滿。功德周隆。汝等孤魂佛子。向甚麼處安身立命。咦。

處處總成華藏界　　從教何處不毘盧

回向偈

除幢起立三問訊

施食功德殊勝行　　無邊勝福皆回向
普願沉溺諸有情　　速往無量光佛刹
十方三世一切佛　　一切菩薩摩訶薩
摩訶般若波羅密

此正行者所集功德、盡以回施法界有情、同生西方無量佛刹、見佛聞法、入不退地、而證無上道也、

歸依三寶。上來設放瑜伽燄口。平等甘露法食。功德圓滿。無限良因。普沾沙界和南

聖衆。

復皈依三寶、請求證明耳、下座、至佛前唱回向偈、

唵
唵
啞
吽
鏺

嚂
吒
啷
欱
阿引

阿
嚕嚨
嘴哩
呾囉
斯得利

斡
顛
攞
囉
哈

原本音鏺
原本音岩
原本音藍
原本音覽
原本音唅

瑜伽法門。皆從梵書字種起觀。出生一切廣大神變。普利有情。此本首列二十字。行者切須觀想純熟。方可登壇作法。其字結構。均有天然軌則。不容毫髮差殊。查寶華原本。與竺乾體格已未全合。後人翻刻。失之逾遠。今照龍藏悉心考訂。其前三行。計十五字。均已改定。最後一行五字。尚有闕疑處。附贅數語。伏願高明之士。深探法海者。再爲訂正。是所深幸。

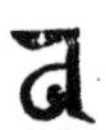音斡。若加則音鋑。音耶。又音顏。顏與岩音相似。若加亦音顏。音攞。亦音辣。原本作音藍。查明藏字多書作。其音藍者。未知何據。音囉。若加則音覽。音賀。又音哈。若加則音哈。

又施食儀觀中有音得嚂。(二合)即是上加。學者應知。

曼拏羅

南北東西四部洲
百千剎土亦能酬

須彌頂上安宮殿
大地孤魂脫苦坵

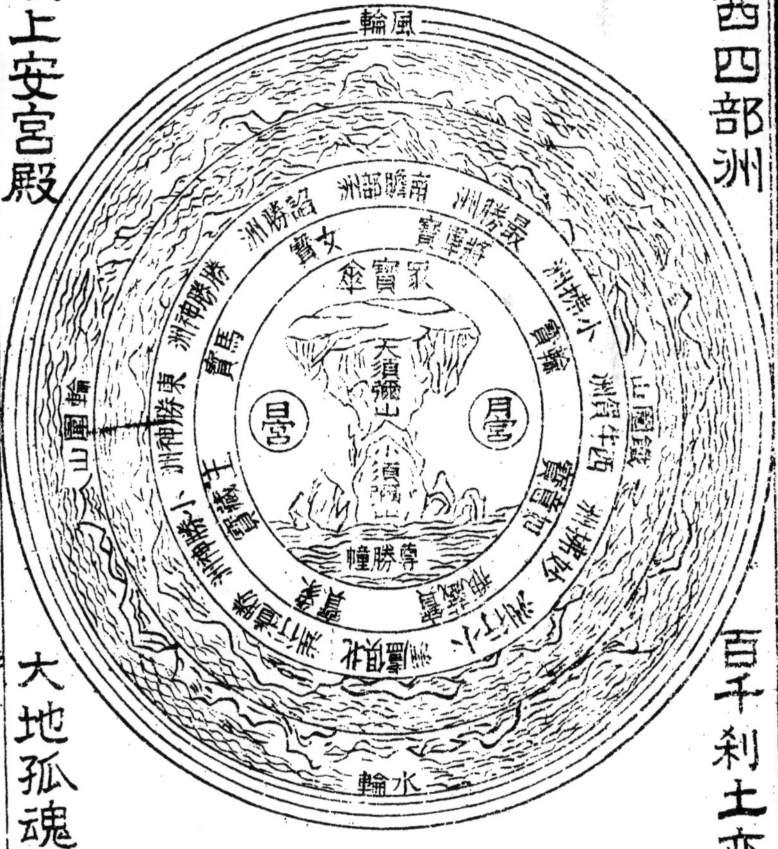

右手結契指度　　左手結契指度

福　　智

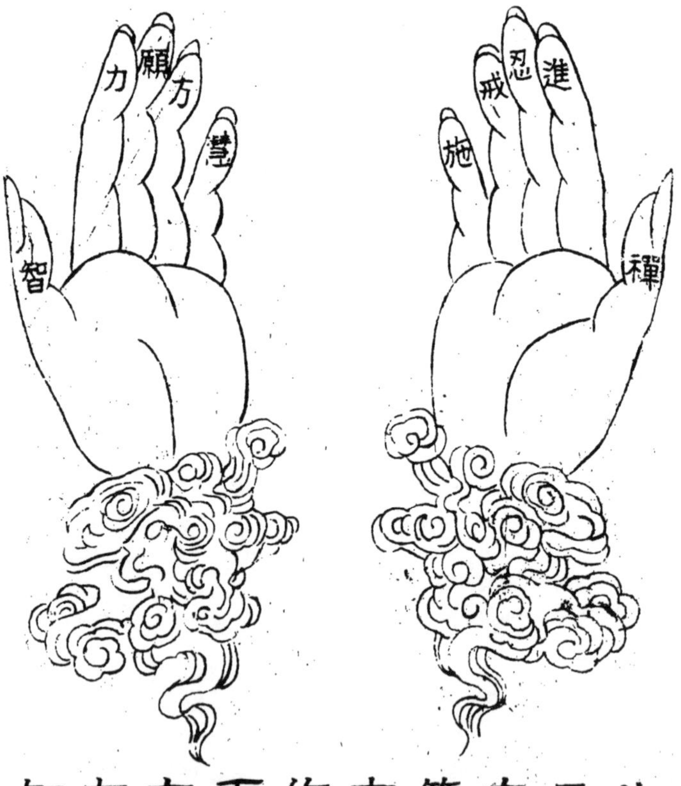

此二手。專示十度作自手觀次第易明。集中手印皆作他人對面觀。左在右而右在左。學者應知。

準提印

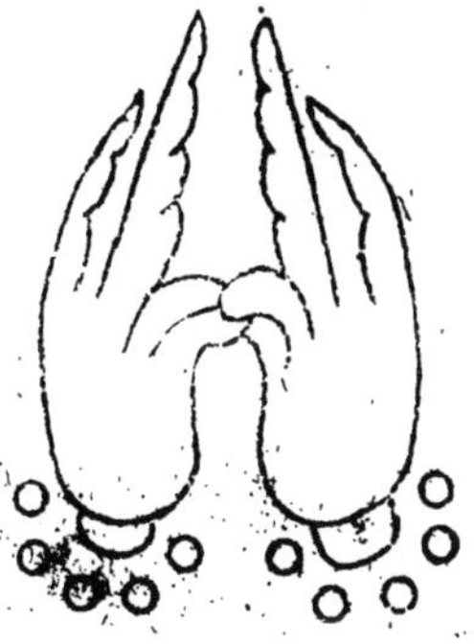

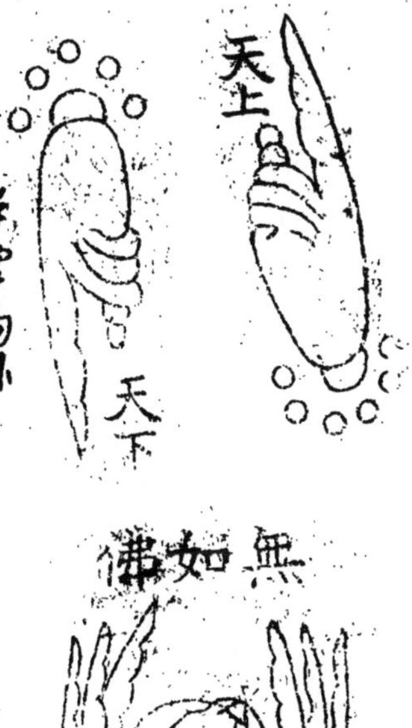

無如佛

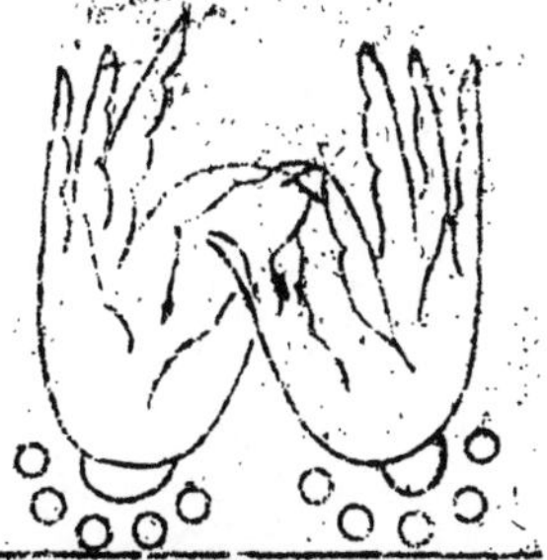

法界印

十方世界

亦無比

世間所有我盡見

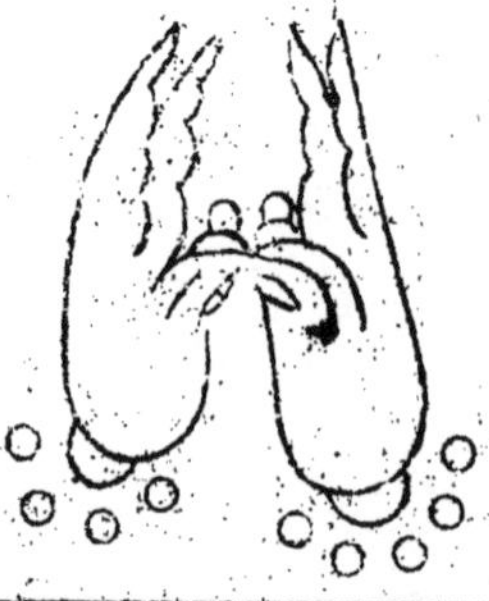

一切

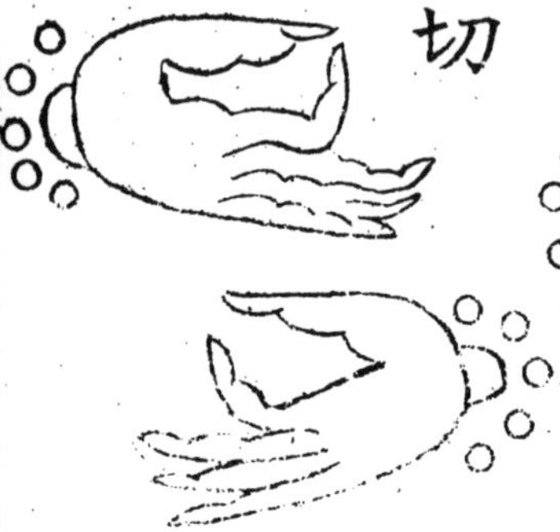

無有

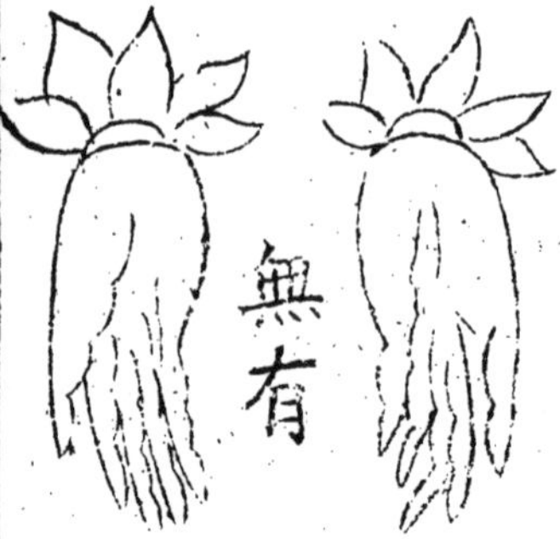

如佛者

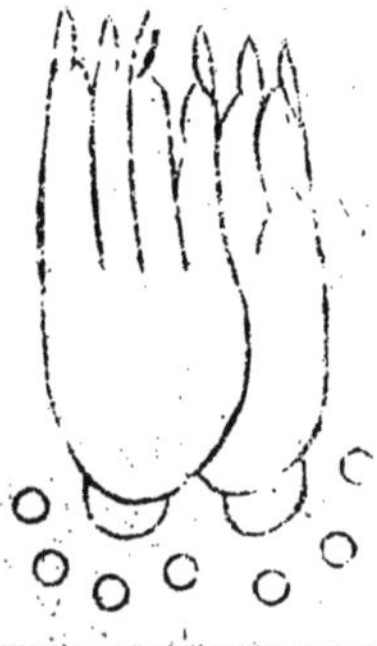

手印執持金剛杵

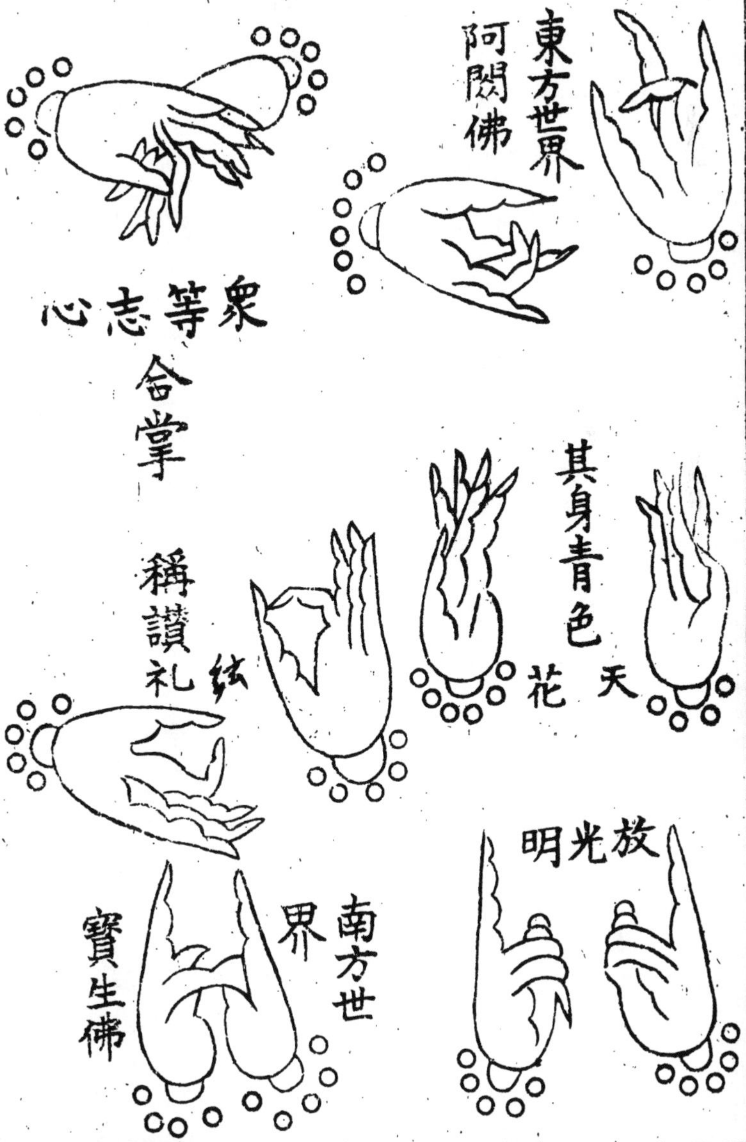

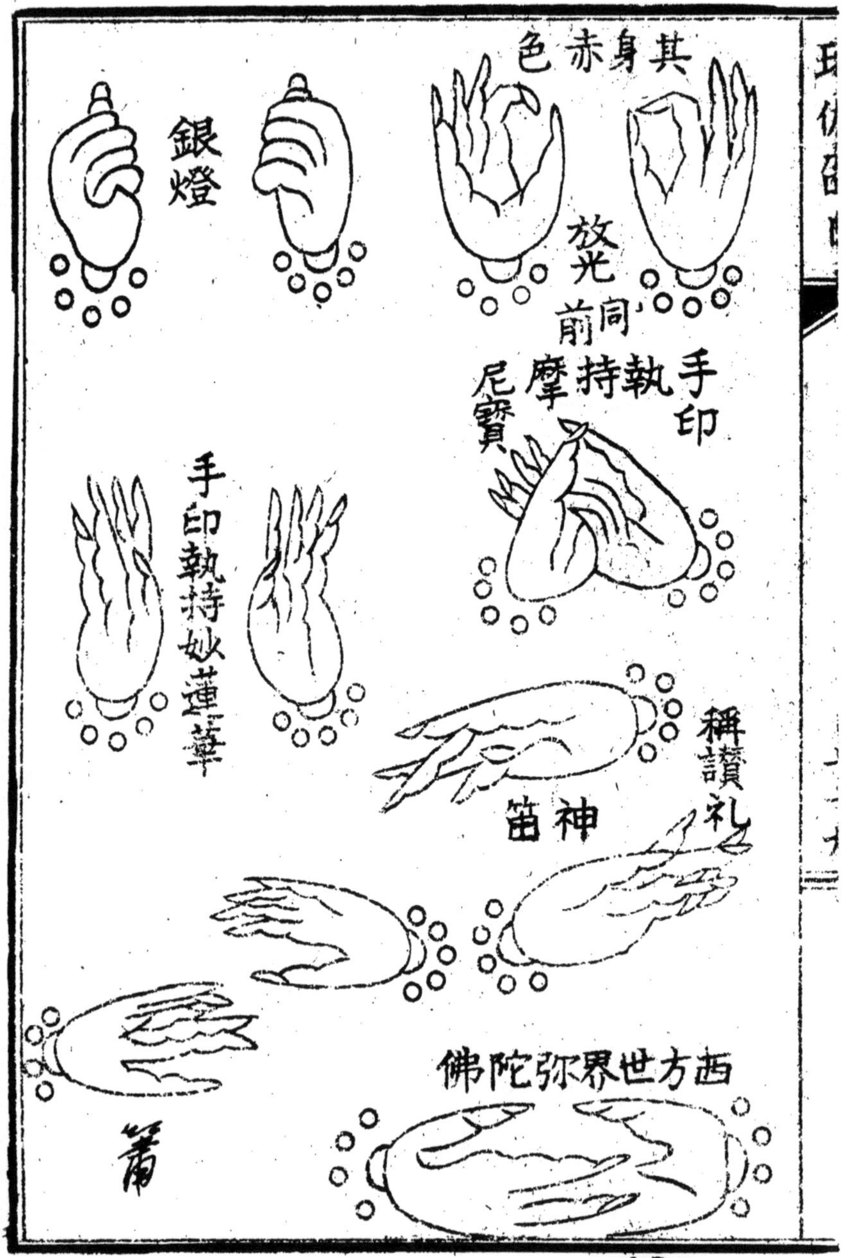
其身赤色
銀燈
放光
同前
手印執持摩尼寶
手印執持妙蓮華
稱讚礼
神笛
西方世界弥陀佛
簫

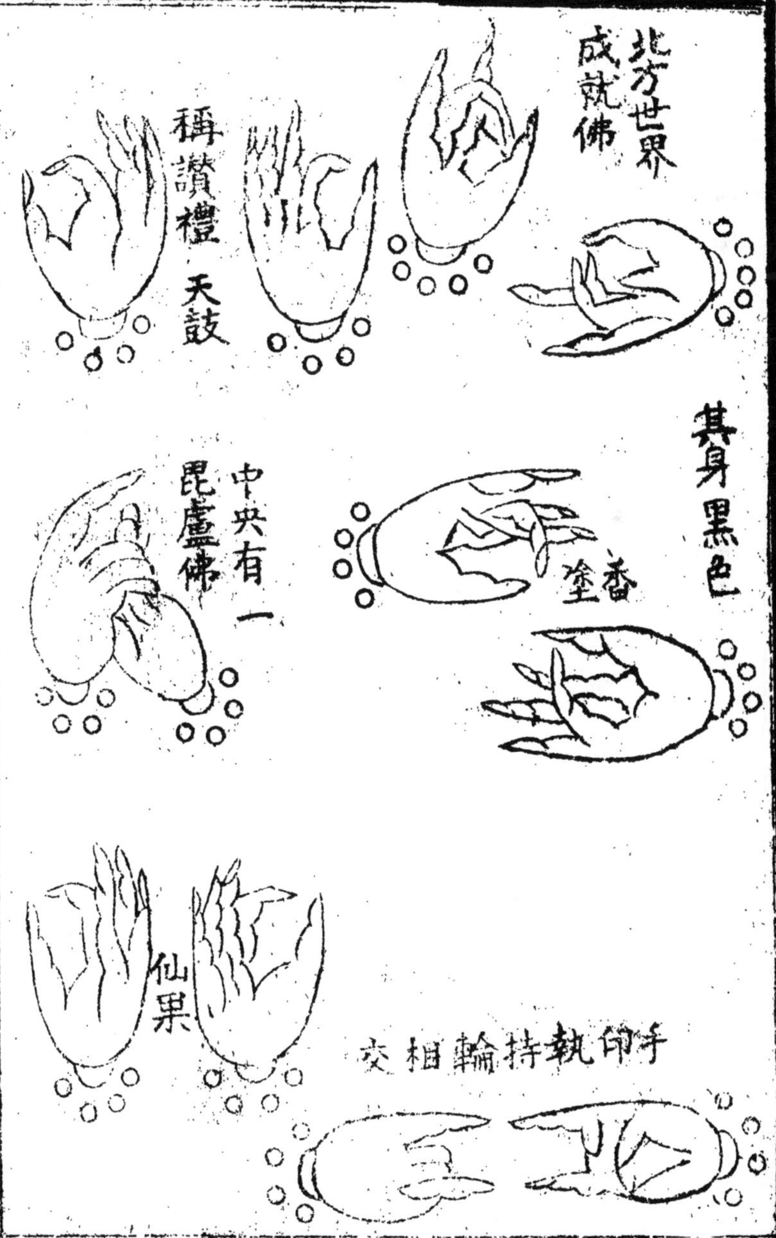
北方世界
成就佛
其身黑色
稱讚禮
天鼓
塗香
中央有一
毘盧佛
仙果
手印執持輪相交

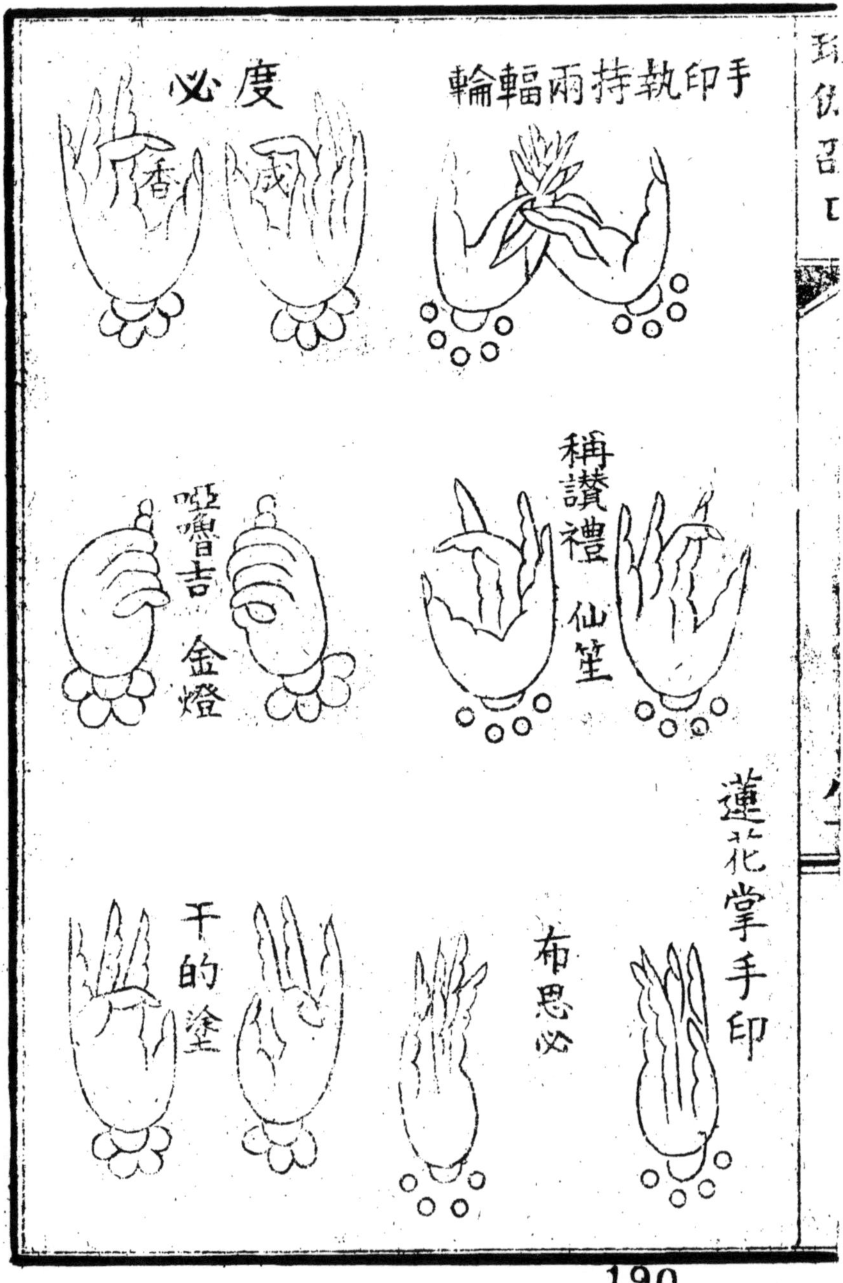
手印執持兩輻輪
度必
香
戌
稱讚禮
仙笙
啞嚕吉
金燈
蓮花掌手印
布思必
干的塗

你尾的果

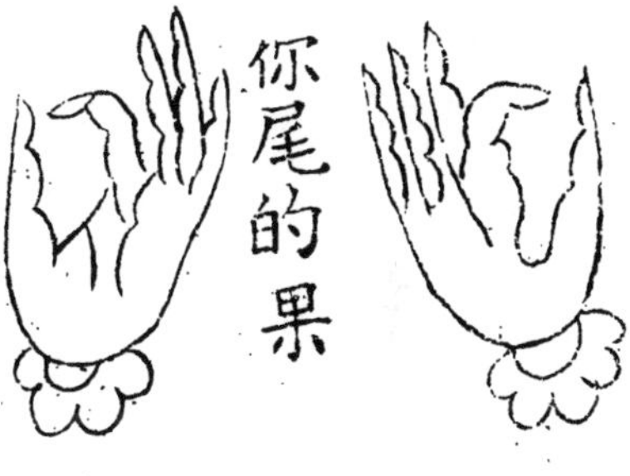

唵嚩資羅
阿薩捺吽

捨不荅樂

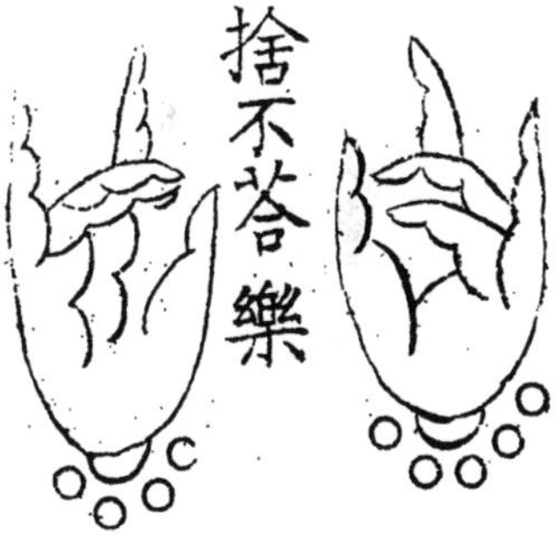

唵嚩資羅
拏恰啞吽

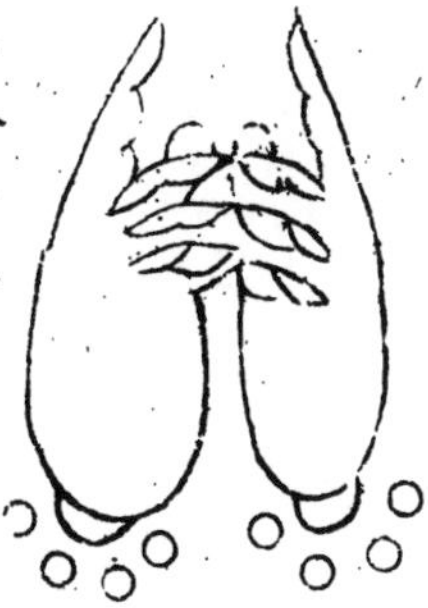

寶曇華

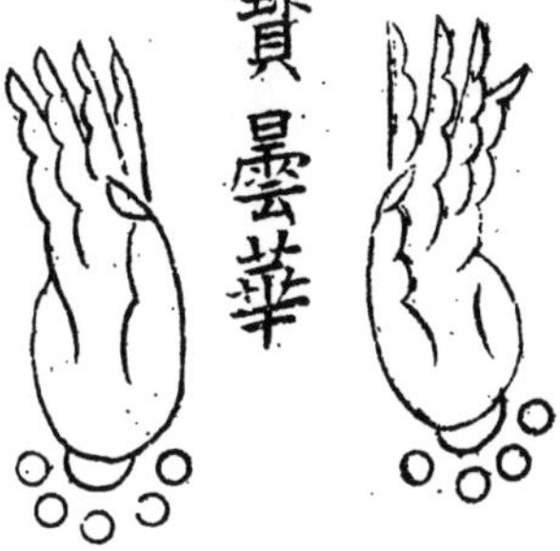

漕溪水

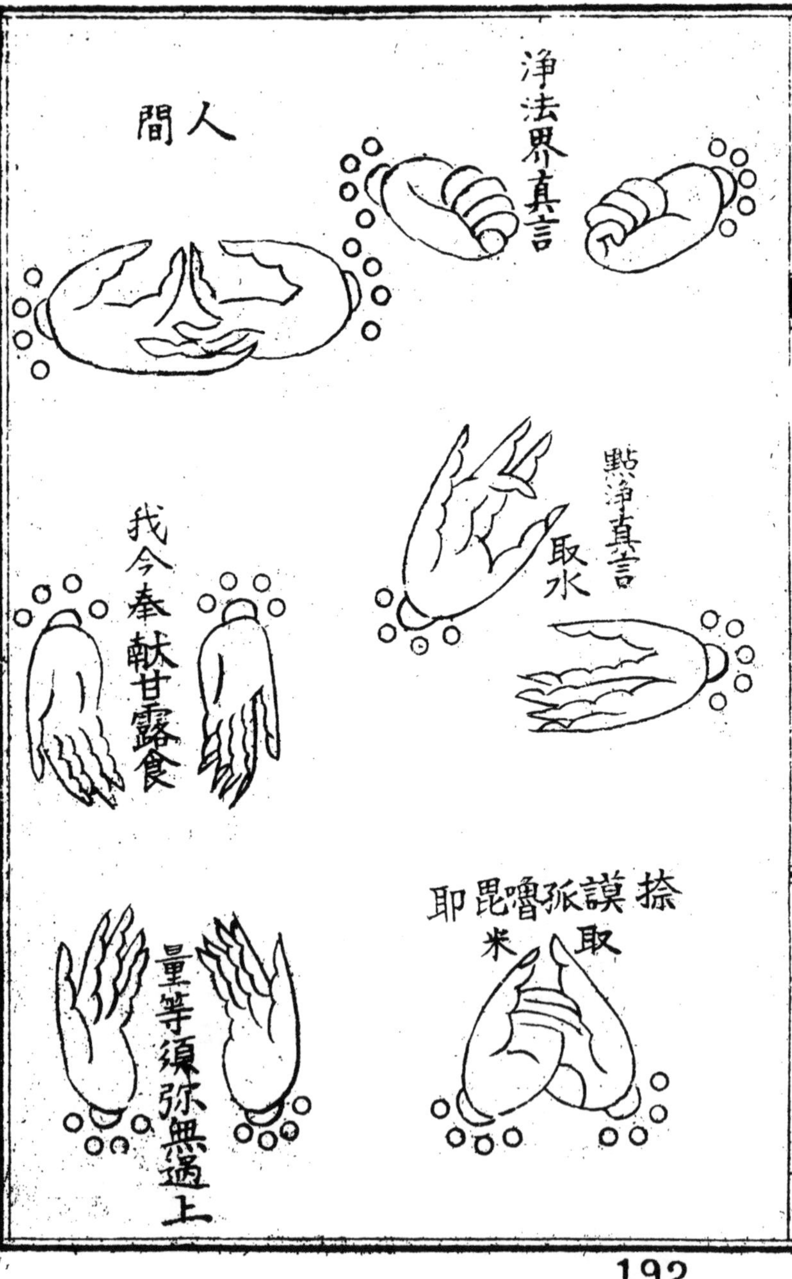
淨法界真言
人間
點淨真言
取水
我今奉献甘露食
捺謨孫嚕毗耶
取
米
量等須弥無過上

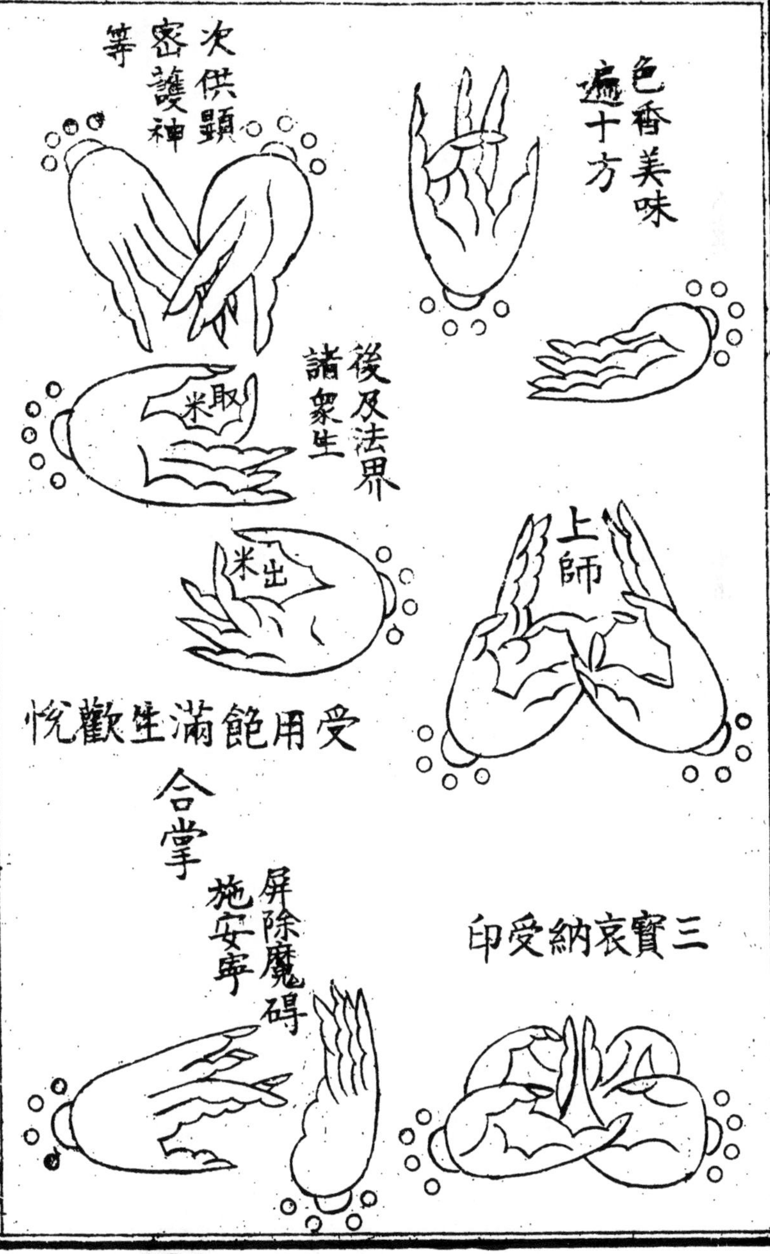
色香美味
遍十方
次供顯
密護神
等
後及法界
諸衆生
取米
出米
上師
受用飽滿生歡悅
合掌
三寶哀納受印
屏除魔碍
施安寧

南無無盡三寶尊

速證観音微妙身

我今誓發菩提心

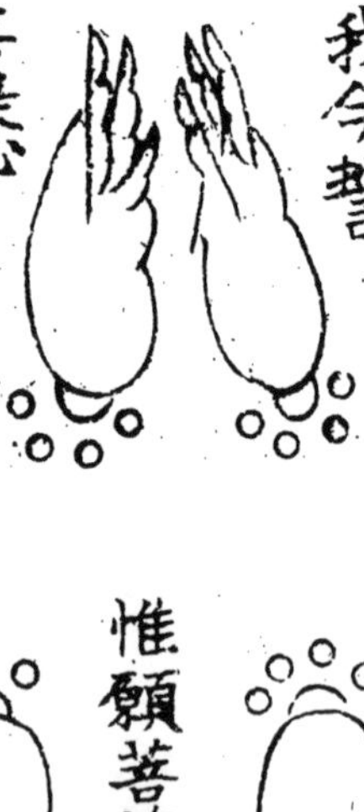

次入観音三摩地

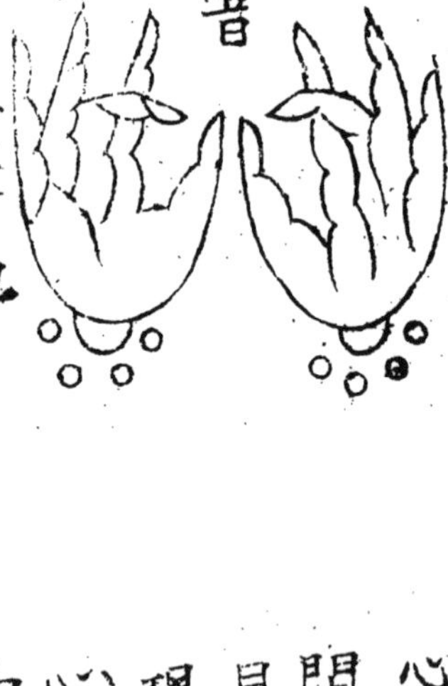

惟願菩薩來攝受

澄心閉目観心中

圓滿皎潔淨月上

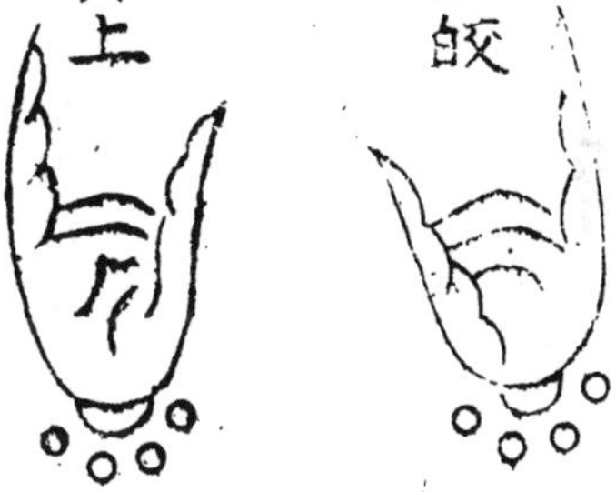

花中有一觀自在

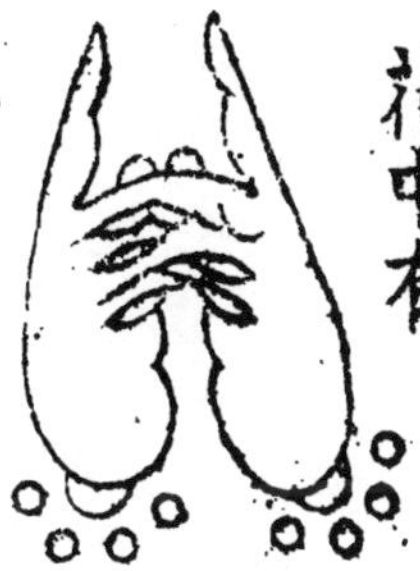

字中放光

相好具足無比對

成蓮花

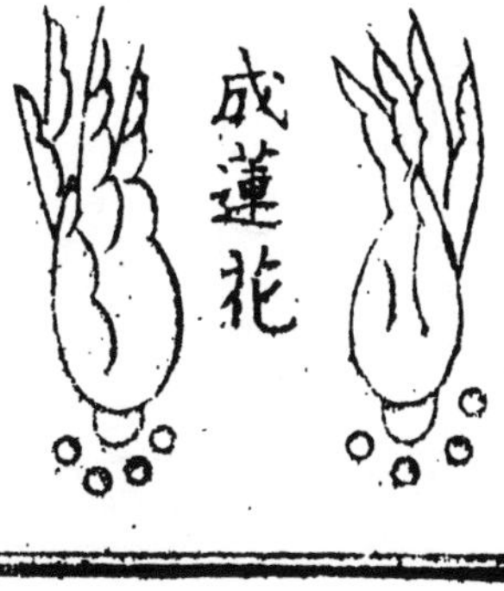

左手執持妙蓮花

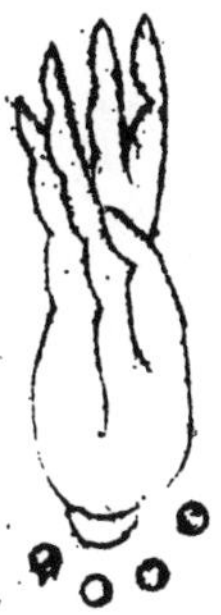

右手於菓

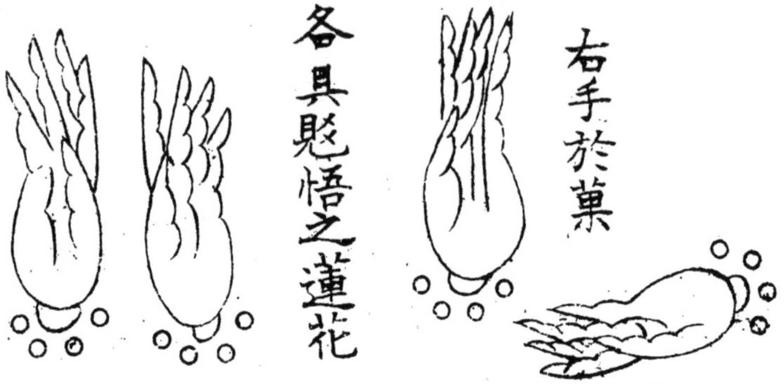

各具覺悟之蓮花

作開勢

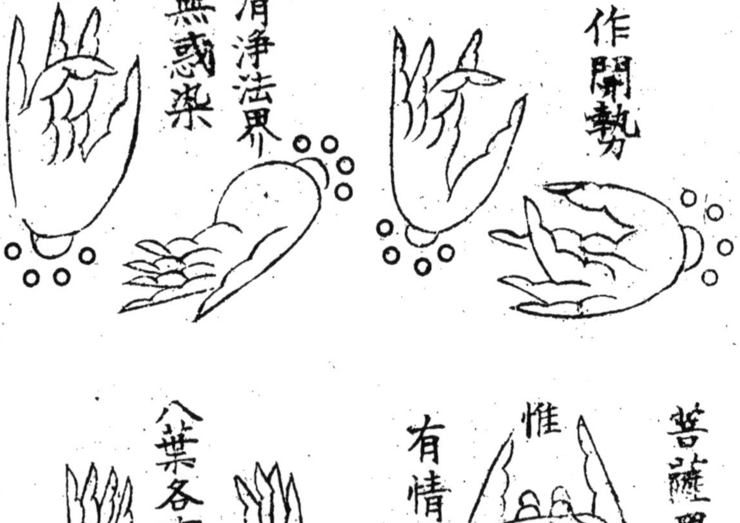

清淨法界

無惑染

菩薩思惟有情身

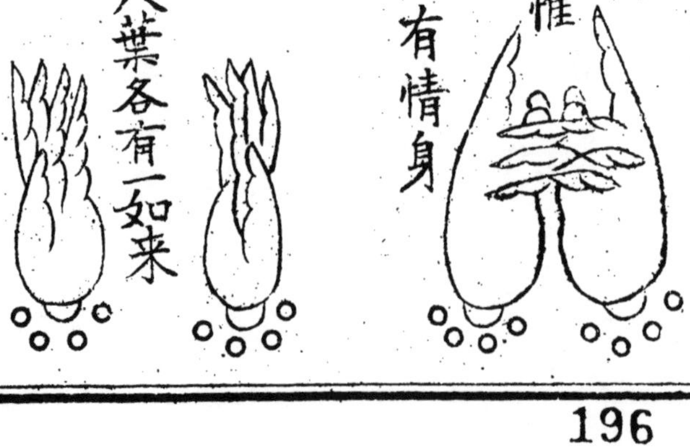

八葉各有一如來

如來入定跏趺坐

光明朗照極晃耀

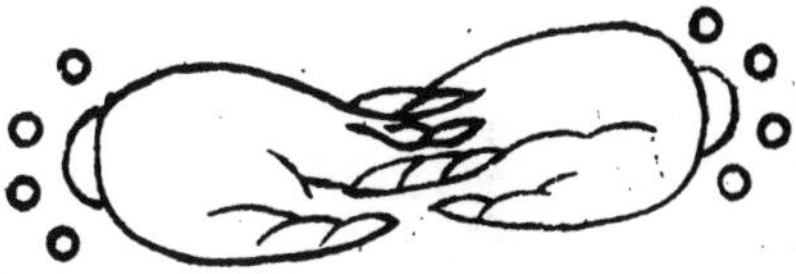

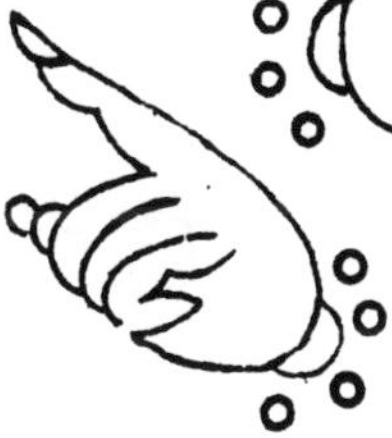

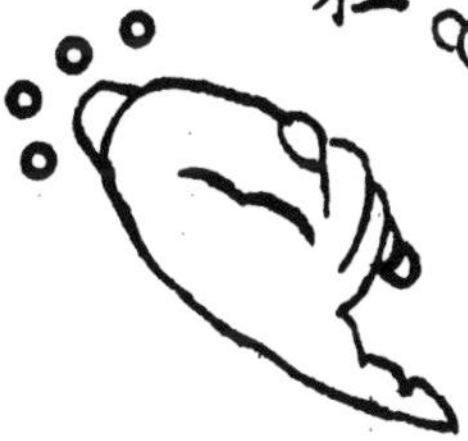

各各面向觀自在

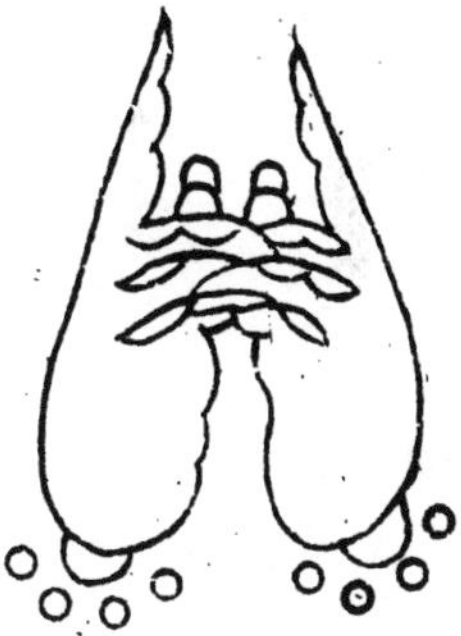

其量遍遍虛空界

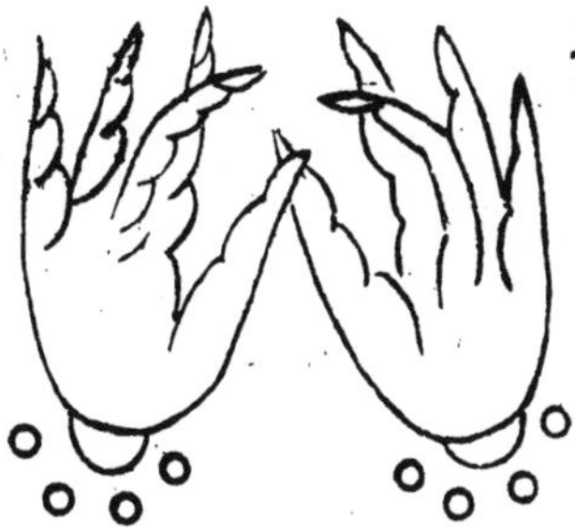

項臂圓光身金色

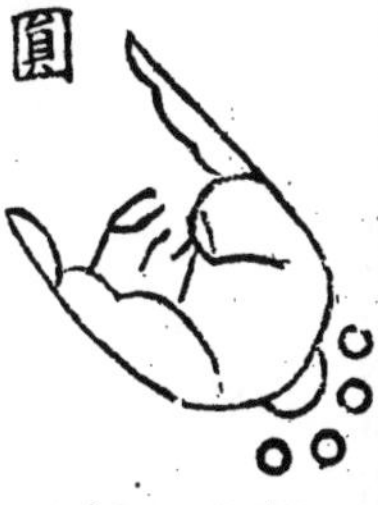

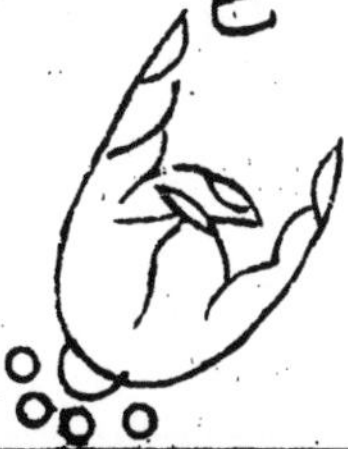

次想其花漸舒大

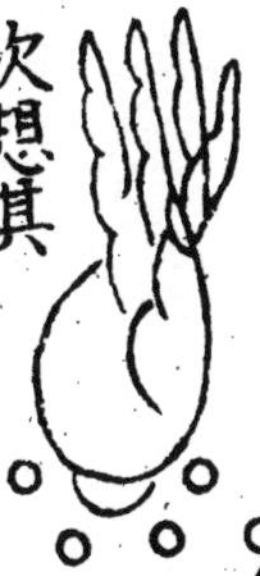

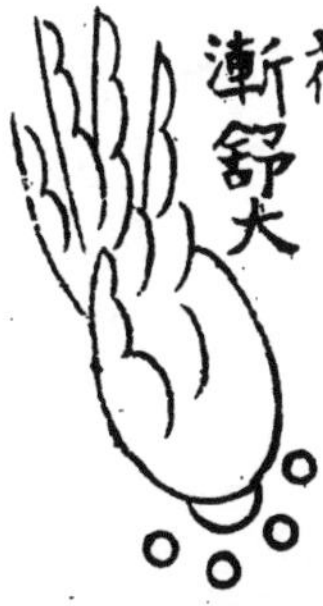

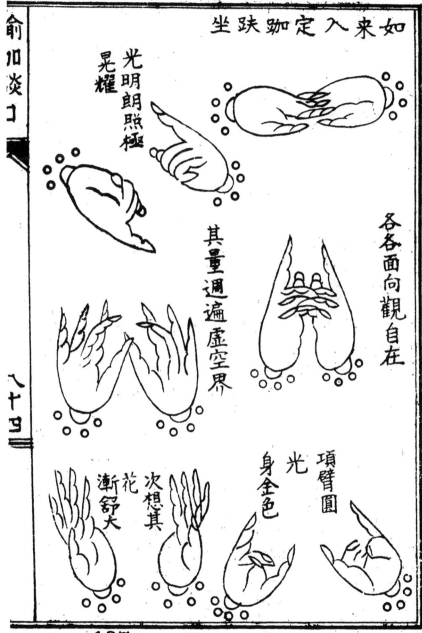

思彼覺花

心若不移於此定

照法界

憐愍一切諸衆生

如来海
會
摳廣大

覺花

蒙照

蓮花漸

收

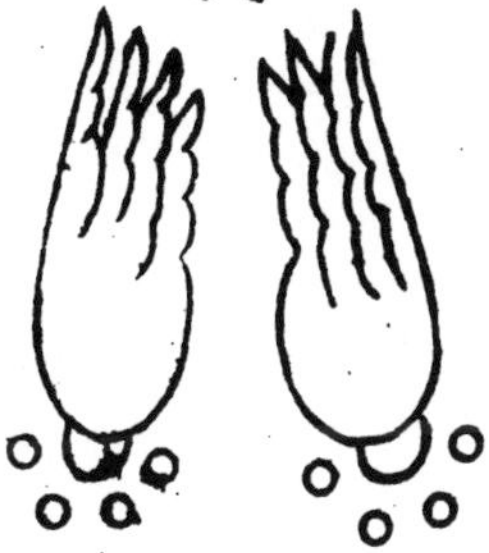

同已量

脫苦惱

復結自在觀音印

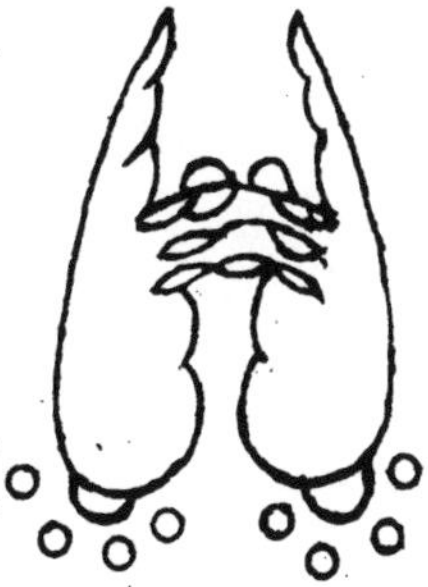

加持四處誦密言

便同菩薩觀自在

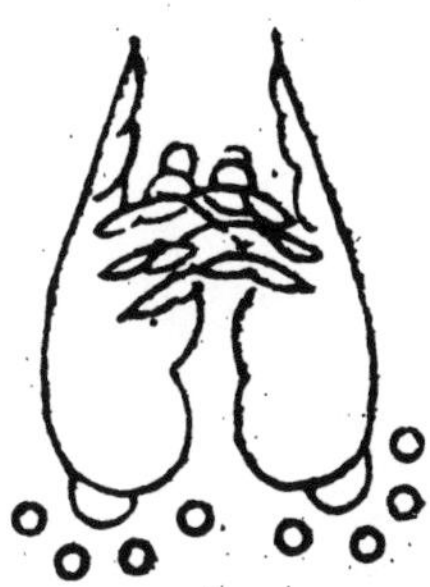

以此禪定勝功德

回向法界諸衆生

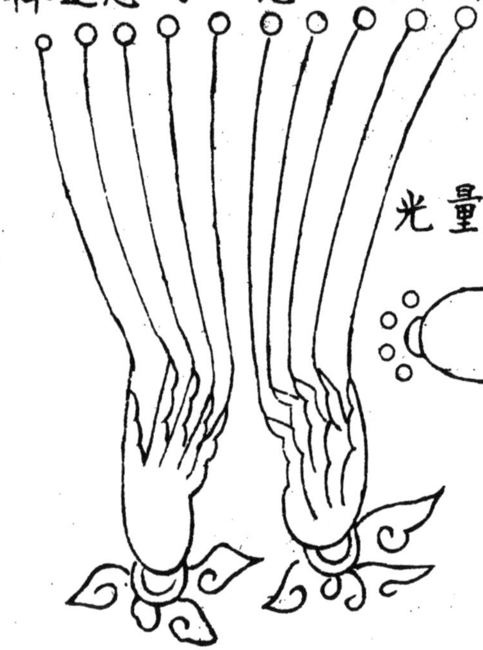

同見西方無量光

成就普賢廣大願

次結圓滿奉送印

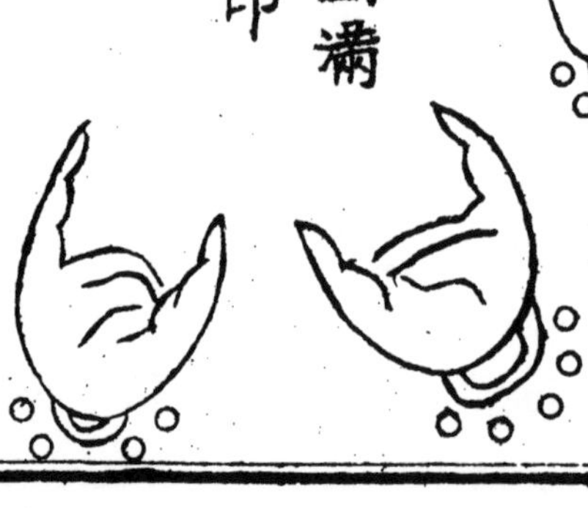

唵斯嚩囉（二合）斯嚩囉（二合）密嚩曩斯葛囉摩訶拶葛囉
吽。

散花米眞言

唵薩不答（二合）囉的捺吽。

遣魔眞言

以二手作金剛拳手背相靠二
小指相鉤二頭指直豎結印當
胸想手印出火光遣境界魔。

唵斡資囉（二合）啞彌哩達昆吒喇。
曷納曷納吽吽發吒。

以手外相叉。二頭指直豎。結
印當胸。手動似扇。印出火光。
而遣諸魔。
唵。斡資囉二合牙恰吽。

以二手內相叉。十指仰上。結
印胸前。想印中放出金剛燄。
令魔遠離。
唵。斡資囉二合佐斡啞捺斡。曷捺答
曷巴撥壓塔。班撥囉納吽。癹吒。

眞空印呪

二手內相叉。進禪力智直豎。

念眞言。

唵。莎嚩斡。順牙。合二 薩哩斡。合二 答哩嘛。合二 莎嚩斡。順牙。合二 達。

於空性中想 噌嚨合二 噌嚨合二 噌嚨合二 啞啞啞吽吽吽而成十方世界。所有天妙曼怛啞哩干濯足花香燈塗食樂。清徹無礙。猶如普賢化現種種雲集供養。徧滿虛空充塞法界。盡輪迴際無有間斷。

默念大輪明王呪七徧

其印呪者。甘露軍荼利菩薩念誦儀云。二手內相叉。直豎二頭指。並以二中指纏二頭指初節。前各頭相拄。二大指並伸直。結印當心誦呪曰。

師呪印可知。應想面前空處離身七肘高八肘。現一金色噌嚨字。字種變成勝妙宮殿。以大千國土合為一國

土。以此國土融成一宮殿。一一莊嚴。皆准華嚴經說勝妙樂事。問。此大千國土合而為一。云何合耶。答。一切國土體自空寂。誰立疆界。若離眾生見。則國土自一。問。此土眾生置於何處。答。是中眾生即諸佛心中之眾生。同佛受用。復何用置。問。何全依心想便成宮殿。答。彼大千國土等。咸是妙明真心所現。若離真心。畢竟無有。今依幻化力。故復以大千國土而為宮殿。是為萬法由我者也。

謹依瑜伽教　建置曼拏囉

惟願三寶尊　慈悲哀納受

千手眼修行儀云。二手各作金剛拳。施進慧力相鉤。胸前微動。念眞言曰。

印現壇儀

唵。斡資囉二合拶祴囉二合吽。拶。吽。哪。斛。

師印呪可知。應想心間字種放光。至色究竟天上。召請智觀世音來入道場此智觀世音卽放無量光。召請一切三寶及顯密護神來至道場重重無盡。問。於此教門但說果主因伴。今何得因爲主。果爲伴耶。答。此有二義。一行者以觀音爲所緣熟境。故先契此境後契諸佛之境。然觀音放光召請諸佛。亦猶行者召請觀音者也。今藉觀音請佛。非爲主也。二此菩薩卽是過去威德自在光明王如來。退位度生。卽果位也。若或爲主。亦無過也。

我以普賢行願力　修設花香燈塗食
微塵剎土諸聖賢　一一徧禮皆供養

次結運心供養印　誦七徧。其印以兩手外相叉合掌。以右壓左置於頂上。凡作供養。應具此法。及奉瑜伽。皆依眞言手印運心合掌置頂。方成圓滿供養。

師印呪。可知。應想虛空法界。所有人天妙塗花香等燈明。幢旛傘蓋。鼓樂歌舞。眞珠羅網。懸諸寶鈴。花鬘白拂。微妙磬鐸。矜羯尼網。如意珠寶樹。衣服之雲。天諸廚食。上妙香美。種種樓閣。天諸嚴身。頭冠瓔珞。如是等雲。行者運心。想滿虛空。以志誠心。如是供養。

我以志誠心　奉獻甘露食
惟願三寶尊　遣魔哀納受

次結遣魔印

將奉三寶施食。先結三尖印。禪押施度頭。戒忍進疏伸。誦云。

唵引斡資囉。二合拽屹徹二合吽。

師印呪可知。應想掌中有赤色吽字。字腳放光。從三尖出。作搖扇勢。遣食器上魔。問。食器上有何等魔。答。有尋香食施食等魔礙。故今遣之。

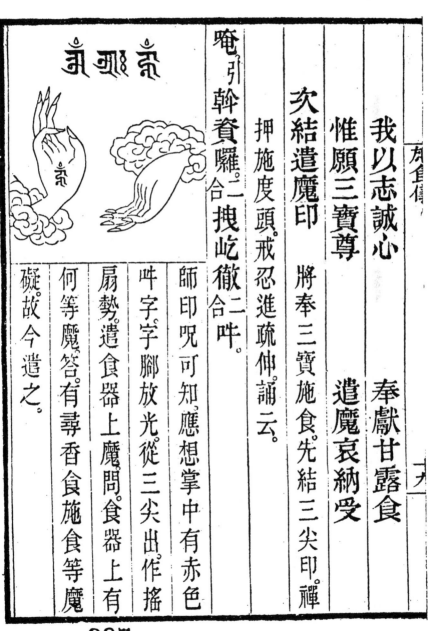

我以佛神力　依教誦密言

加持甘露食　徧滿虛空界

次結變空印　兩羽虛合掌。如蓮花狀。豎立胸前。而誦眞言。

唵。莎發斡秫塔。薩哩斡二合塔哩麻。二合莎發斡秫徒欣。

唵引啞吽。

師印呪可知。應想食器及食悉皆空寂。以分段食多染觸故。令空之極令清淨。於其空處。應想三箇[梵字]嚂嚕二合字。字金色變成食器。於食器中。想白色[梵字]唵字。變成勝妙飲食。皆醍醐乳酪及麨蜜等味。點淨念唵啞吽二十一徧。極令廣大。已復念搾吽𠲎斛。而作手印。想令前來所觀三寶海會。分明顯現。再伸五供養施寶錯念思麻囉等呪。想三寶攝受。初一分奉佛并法。次一分奉菩薩聖僧。後一分奉顯密護神。既奉獻已。然後作擲水勢。念云。

以此甘露食　奉獻諸聖賢

憐愍我等故　慈悲哀納受

次結奉食印　兩羽相合。作掬水勢。念奉食咒三徧。各彈指一下。

唵。引 啞葛嚕穆看。薩哩斡。二合 塔哩麻 二合 喃。啞㗼耶 二合 引 奴忒班。答奴忒唵啞吽。癹吒莎曷。

想諸佛子等。偏奉三寶。生歡喜心。求索願事。必蒙允許。廣迎聖衆入壇。卽以香花燈塗種種供養畢。默念奉食偈。

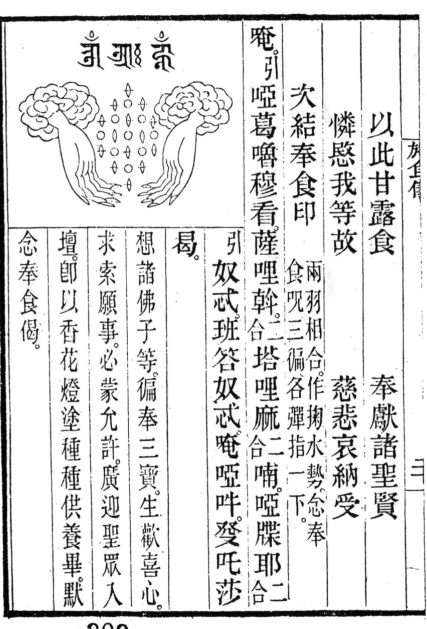

本定亦名正位。亦名正體。如在家為人也。此後所入定。即是所作定。如在邦為臣也。其實一體。而約處殊也。又如人在朝則朝衣。在戎則戎服。故根本定白色。所作定金色。向下隨一一作法。多有更易身色。當以此理鑑之。

成就普賢廣大願

結自在觀音印。以二手外相叉。二指頭相拄。如蓮花葉。二大指並豎。即誦眞言時。加持四處。頂喉心臍是也。

唵引 斡資囉二合 搭囉麻二合 紇哩。

師印呪可知。每處以手印按之。誦眞言一次。復以唵字加持。即當以印按口上。次以吽字加頂。得囕二合字加臍。紇哩字加心。阿字加喉。以此加持。令身堅固也。所以一切魔礙皆不能害也。加持四處有二說。只用前說。

若人欲了知　三世一切佛

應觀法界性　一切惟心造

次結破地獄印　兩羽金剛拳。施慧兩相鉤。進力伸相拄。念想開地獄。三誦三掣開。眞言曰。

那麻阿瑟吒二合瑟吒二合攝諦喃。三藐三勃塔俱胝喃。

唵引撮引嵂引納。嚩婆細。提哩提哩吽。

師印咒可知。應想自身增長紅色觀音。一面二臂。舌上心間印上三處皆有紅色[siddham]哫紇哩合字放光。如日初出之光。照觸地獄悉皆破壞。問云。一處放光足以破之。何用三乎。答。爲破地獄是眾生三業妄造故。故今亦用三業放光以破之也。又問。地獄是眾生別業而成。云何能破。答。雖云別業同是一心。以智照之。眾生亦無。豈有地獄。由迷一心。故妄造眾惡。惡業成熟。妄成地獄。既墮地獄。妄見受苦。譬如夢中。爲虎狼師子所噬。或爲賊所縛。或遭

南無蓮池海會佛菩薩三稱

我以大悲佛神力　召請冥陽諸有情

曠劫饑虛餓鬼等　不違佛勅來降臨

次結召請餓鬼印左羽作無畏想。右羽向前豎四度微曲進度鉤召。眞言曰。

唵。卽納卽葛移希曳二合歇莎訶。

師印呪可知。應想左手印上白色唬哩二合字放光。勾彼鬼眾至於道場。繞佛三帀。禮佛而出。至壇外。壇外分爲四門。東門至南門地獄眾。南門至西南隅餓鬼眾。自西南隅至西門畜生眾。自西門至西北隅人眾。自西北隅至北門脩羅眾。自北門至東門天眾。應當如是而安住之。侍者自云安慰。

汝等諸佛子　得遇道場中
所有一切罪　召入金剛掌
次結召罪印　二羽金剛縛。忍願伸如針。進力曲如鉤。召罪眞言曰
唵。薩哩斡二合巴鉢。羯哩二合沙拏。二合月戍馱納。斡資囉二合薩埵。薩麻耶。吽。撥。

師印呪可知。應想於二中指尖上。想白色紇哩合字出光。入彼身中。出其罪。猶如煙霧而合。問云。罪無實體。云何今說如彼煙霧出有實體者耶。答。雖無實體能充塞天地。障蔽心目。不能得見諸佛淸淨境界。今借諸霧爲所緣相。以召其罪。實有益於事也。

次結摧罪印 八度內相叉。忍願伸如針。摧罪眞言曰。

唵。斡資囉。合二巴尼月斯普合二吒耶薩哩斡合二阿巴耶。班塔拏尼不囉合二穆恰耶。薩哩斡合二阿巴耶葛諦毗藥。合二薩哩斡合二薩埵喃薩哩斡。合二答塔葛達斡資囉。合二三廝耶。吽。怛囉吒。

師印呪可知。於二中指尖上左想怛囉合二字。右想吒字。並金色。色應當行八身自增長作青色綠色觀音菩薩之身。每念呪一偏。二中指摩搖。至後一偏叉過。拍手作聲想彼罪山猶如瓦塌而倒。前來所召之罪如煙霧者應念而散。問罪無體相。云何摧耶。答。正謂之無故摧也。若決定有。豈能摧耶。侍者白云。

次結破定業印

二羽金剛掌。進力屈二節。禪智押二度。淨業眞言曰。

唵。斡資囉。二合葛哩麻。二合月束塔耶。薩哩斡。二合阿呃囉拏你。菩塔薩底曳。二合納。三麻耶吽

師印呪可知。心月輪上。想一靑色紇哩二合字出光。照前諸鬼衆所有諸佛出世不通懺悔之業。應想自性淸淨本無作想。觀彼鬼衆及佛與心三無差別。是名破決定業也。此一法正是斷所知障。學者知之。侍者白云。

罪性本空由心造　心若滅時罪亦亡

罪亡心滅兩俱空　是則名為眞懺悔

次結懺悔滅罪印　二羽金剛縛。六度外相义。進力屈二節。禪智押二度。

唵薩哩斡二合巴鉢。月斯普二合吒。怛賀納。斡資囉二合耶。

莎訶。

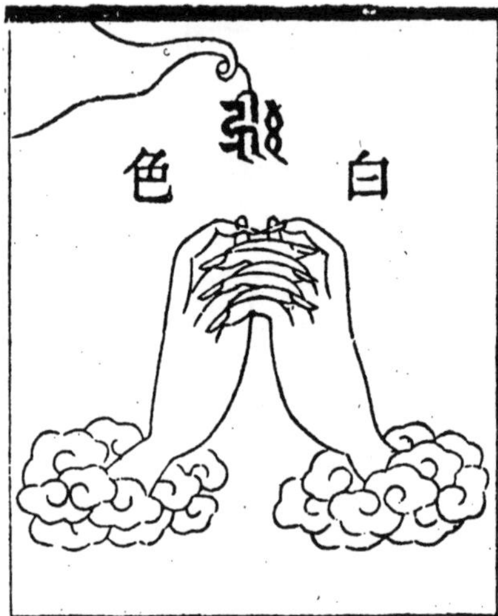

師印呪可知。應想二屈指上有白色⿰口乾哩合字。放光入彼鬼身。如日爍露之狀。罪垢銷鎔。猶如墨汁。從足流下。滲入地中。至金剛際。問云。前來既召既摧既破。今復為懺悔何耶。答云。前來並是理懺悔。今者方是事懺悔。理事無礙故不濫耶。又問云。何罪如墨汁。答。罪者黑業也。故以墨表。汁有流注之義。故云如墨汁也。

一滴清涼水　能除饑與渴

彈灑灌頂門　悉令獲安樂

次結妙色身如來施甘露印　或云施清涼印。

即以左羽轉腕向前。力智度相彈。施甘露真言。

那謨蘇嚕婆耶。答塔葛達耶。怛㗌塔。唵。酥嚕酥嚕。鉢囉二合酥嚕。鉢囉二合酥嚕。莎訶。

師印呪可知。結印誦呪。想左手願上白色𑖪𑖽鍐字。流出甘露如水銀色。是真智所成。右手點取彈灑虛空。想諸天及人鬼等類觸此甘露。悉具色相。猛火悉滅普得清涼。離饑渴想。滅心執障。

汝等自從無量劫　造諸惡業起慳貪
由此業力閉咽喉　仗此密言悉開通

次結開咽喉印

唵。那謨婆葛嚩諦。月補辣葛得囉二合耶。答塔葛達耶。

師印呪可知。結印誦呪。左手掌中想一青色蓮花。蓮花上想一白色阿字。流出性水。極甚清冷。右手點取彈灑虛空。想諸鬼衆得觸此水。咽喉廣大。清涼潤澤。無所障礙。問云。何前來多用紇哩二合字。此獨用阿字何也。答云。阿字是語種。故依三本續用之也。

語諸佛子。今為汝等作印呪已。咽喉自開。通達無礙。離諸障難。諸佛子等。我今為汝稱讚如來吉祥名號。能令汝等。永離三途八難之苦。常為如來眞淨佛子。

南無寶勝如來

二羽金剛掌。六度內相叉。進力頭相拄。禪智側竪立。一切有情。同稱聖號。

那謨囉怛納二合怛囉耶。答塔葛達耶

誦彼如來。結彼手印。應不離自身觀音也。

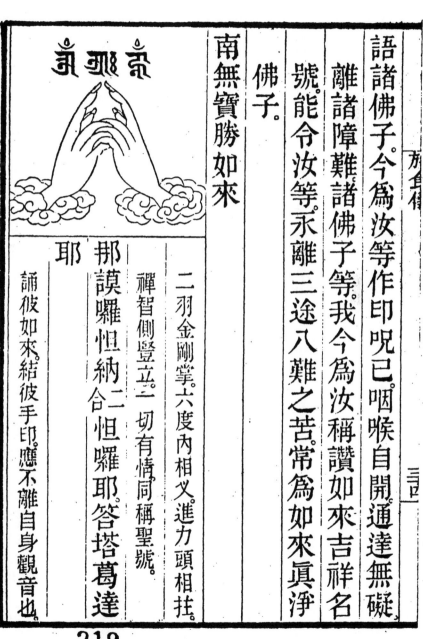

諸佛子等。若聞寶勝如來名號。能令汝等塵勞業火。
悉皆消滅。

南無離怖畏如來

右羽胸前豎忍禪指相捻。掌覆指垂下。左掌仰上羽。

那謨微葛怛得囉二合納耶。答塔葛
達耶。

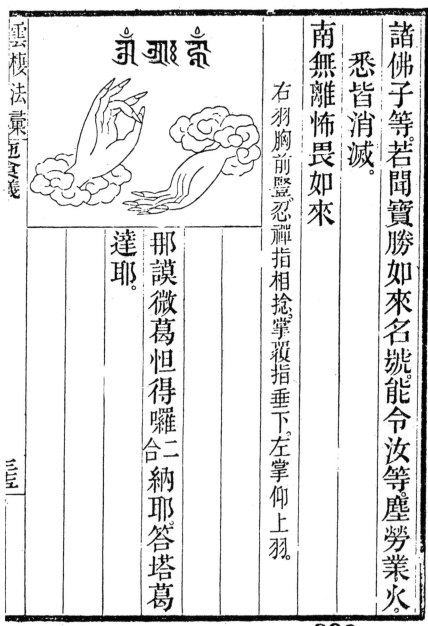

諸佛子等。若聞離怖畏如來名號。能令汝等常得安樂。永離驚怖清淨快樂。

南無廣博身如來

左羽曲入掌。力智對肩彈。右手金剛掌。進禪對胸彈。

那謨婆葛哃諦。月補粹葛得囉二合耶。答塔葛達耶。

諸佛子等。若聞廣博身如來名號。能令汝等餓鬼針咽業火停燒。清涼通達。所受飲食。得甘露味。

南無妙色身如來

右羽豎胸前。進禪指相捻。左羽曲舒展。手掌皆仰下。

那謨蘇嚕八耶。答塔葛達耶。

諸佛子等。若聞妙色身如來名號。能令汝等。不受醜陋。諸根具足。相好圓滿。殊勝端嚴。天上人間最為

南無多寶如來

兩羽虛合掌。猶如蓮花狀。

那謨波虎囉怛納二合耶。答搭葛達耶。

諸佛子等。若聞多寶如來名號。能令汝等具足財寶。稱意所須。受用無盡。

南無阿彌陀如來

一

右羽壓左禪智相拄。

那謨阿彌怛婆耶答塔葛達耶。

諸佛子等。若聞阿彌陀如來名號。能令汝等往生西

方極樂淨土。蓮花化生。入不退地。

南無世間廣大威德自在光明如來

右羽曲仰拳。忍禪度相彈。左掌仰上。五指舒。誦密咒。

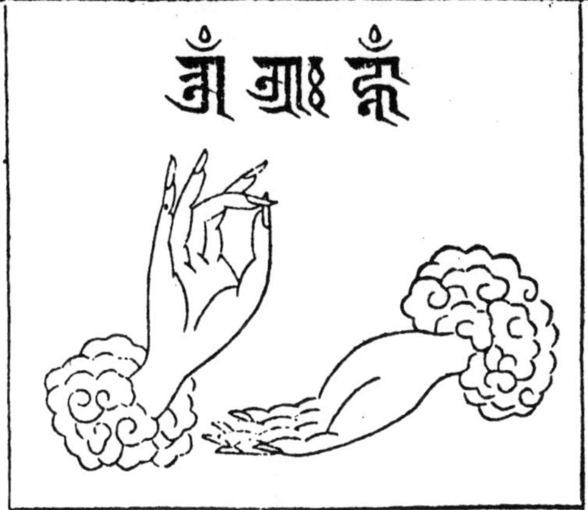

那謨盧迦委斯諦。二合吟捺二合弟唧
說囉。不囉二合發耶。答塔葛達耶。

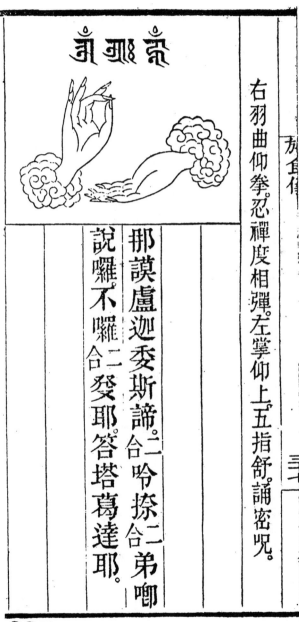

皈依三寶故　如法堅護持

自離邪見道　是故至心禮

次結三寶印　左羽作拳相。豎進度當胸。右手屈力度。心想誦眞言。

唵婆重呼龕

南無佛。南無法。南無僧。我今發心。不爲自求人天福報聲聞緣覺乃至權乘諸位菩薩。唯依最上乘發菩提心。願與法界衆生一時同得阿耨多羅三藐三菩提。

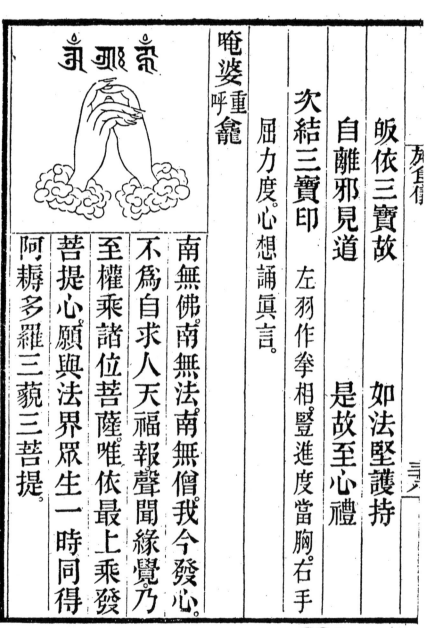

次與汝等發菩提心。汝等諦聽。

假使熱鐵輪　於汝頂上旋

終不為此苦　退失菩提心

次結發菩提心印

兩羽虛合掌。猶如蓮花狀。以印心上。

唵補提卽答沒怛巴達野彌

師印呪可知。應想心佛眾生三無差別。於一念間融成一廣大月輪。如八月十五日夜中宵無雲之時。極甚清涼皎潔。與虛空齊等。於月輪中想一金色𑖀阿字。如秋毫之末。非有非無。故當爾之時。不得加於了知。上無佛可成。下無生可度。中無行可修。煩惱菩提生死涅槃淨盡。此為大要。宜善用心焉。不惟為鬼神作利。行人不久亦就此中了解者矣。師誦呪。眾和三聲。次白云。

汝等受佛戒　即入諸佛位
位同大覺已　眞是諸佛子

次結三昧耶印

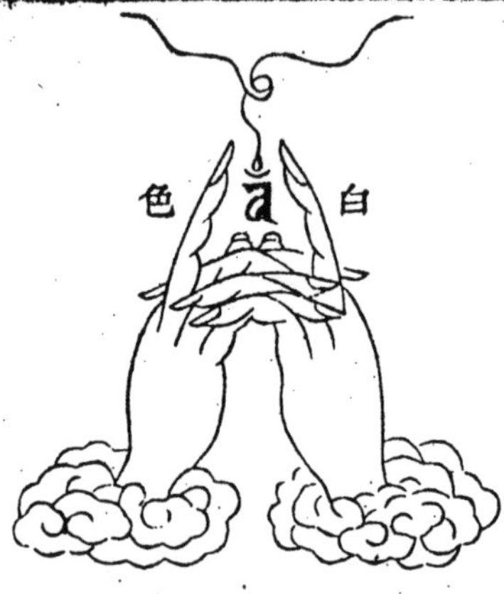

二羽金剛縛。六度外相叉。忍願伸如針。誦眞言曰。

唵。引三摩耶。薩埵鍐。

師印呪可知。應想印中有白色鍐字。放大光明普照所請一切有情。彼諸有情蒙光照及三世諸佛戒波羅密一時圓滿。法界善法想爲光明。流光灌頂。貯彼身中。身同普賢坐大月輪。紹諸佛職。爲佛嫡子。

次結無量威德自在光明如來印

右羽曲仰拳。戒禪度相彈。左掌仰上。五指舒。誦密呪。

師印呪可知。侍者取水點盌中及桶中。退坐本位。師應以右手怖畏彈指。遣左手魔礙。念云吽吽癹怛。念三徧。問。手有何魔耶。答。爲手中有諸戶蟲。次變空。念云唵放。或三徧。問。變空此手。其意如何。答。以此手是赤白二種不淨所成。故空之。令成勝妙功德莊嚴手也。問。前來入禪定。則自已是菩薩。今復何故又遣魔變空。答。法華經云。世尊說無量義已。又入三昧。放光至開寶塔。又入定放光。豈不濫耶。蓋囙一事而彰一法。譬乎世禮祀宗廟之人。非不齋戒沐浴。及至登殿之時。卻又盥手何也。爲表敬也。今再遣魔變空。表慈之深悲之極。用心之切也。次於一念間頓成勝妙之手。於手掌中出一紅色ꣳ啷字。變成紅色蓮花。上想一白色ꣳ鋑字。明點中流出無盡飲食。想面前水器。盡成摩竭陀國之斛。七寶嚴飾。滿盛勝妙飲食等。然後想此字種流出無盡飲食。變滿法界。念唵阿啝哩合吽呪一百八徧。或四十九徧。當自知時。次念變食呪。每一念於明點中取飲食。彈瀝虛空。侍者白云

復結前印誦乳海眞言

右羽曲仰拳戒禪度相彈。左掌仰上五指舒誦密呪。

那麻三曼哆勃塔喃錽。

師印呪可知應想錽字明點中流出甘露以右手點取彈灑虛空如雨注下凡所至處卽成長河酥酪也問云何以少小器水等徧滿法界答心力難思故也況又藉神呪及字種觀想等力乃至諸佛冥加禪定之力豈不能變小成大化少爲多也且如欒巴一卮之酒以術力尚能化爲霖雨何況神呪難思之力者乎行者亦不可不專注用心也又問何故不以飲食施之卻用水也答彼鬼趣多爲業火所燒故今以水施之沃滅其業火佛云彼鬼等百千萬劫不聞漿水之名何況得飲又云彼鬼在恆河邊而不見水設使得見變成膿血況飲之時入腹化爲猛燄熱燒心腹難堪痛苦悲哉悲哉故今以水施之體此意也又番本云蘇嚕巴此云水施食則知本乎施水矣今世俗人不知多用施食水亦失也況今施食亦不專用水彼器中皆投飯七粒徧十方是也故勿疑諸侍者白云

汝等業障鬼　變火不能食
今誦祕密言　法食皆飽滿

次誦障施鬼眞言

唵啞吽拶粹彌揩薩哩斡[二合]不哩[二合]的毗牙[二合]莎訶

師印呪可知。應展垂右手。想鋑字明點內。流出甘露。從左掌而下。念唵啞嚩哩[二合]吽一百八徧。或七七徧三七徧。皆可。侍者至師前作禮取淨水瓶出壇外。唱云淨水徐徐注下。師至唱時。想彼障施鬼悉皆胡跪。師印想自身觀音。徧至其前而施甘露。從頂上入。滅其業火施彼清涼。後念障施鬼眞言三徧。各彈指一聲。

神呪加持淨法食　普施河沙衆鬼神

願皆飽滿捨慳貪　速脫幽冥生淨土

次結普供養印　二羽直合掌。忍願屈二節。誦眞言。

唵。葛葛納。三婆斡。斡資囉。二合 斛。

師印呪可知。應想屈中指處有白色唵字。明點中流出無盡供養。具足莊嚴。平等供養。同聲念普供養眞言。或五徧七徧。問。最初旣奉獻三寶。施食已竟。今復何故作此供養。答。前來所作。猶揀聖凡。故奉獻三寶。後施鬼衆。今融以平等。故聖凡交徹。所以普供養也。維那白從來所受飲食文畢。師應作五供養施寶錯。念斯麻囉等呪畢。侍者白。次爲汝等稱誦法樂。大衆同音諷誦。

謹依瑜伽教　建置啟法筵

普施諸有情　皆共成佛道

次結圓滿奉送印　二羽金剛拳。進力兩相鉤。誦眞言。

唵。斡資囉。二合穆吃吒二合穆。

師印呪可知。想諸佛菩薩及六道四生悉皆不現。二善根圓滿。舉天阿蘇羅藥叉等偈。衆同音誦問。既是奉送已。諸佛菩薩不現。誰爲證明。答此顯來寶無來。去寶無去也。三寶常住世間。且如法華經云。多寶佛塔還可如故。而妙音菩薩來。多寶佛與塔未嘗不在也。若夫請之則寶來。送之則寶去。何異鬼神乎。學者思之。復念金剛薩埵百字呪三徧補闕。

此呪補闕。行者手作印不次第。觀想不專注。如是等過。悉皆清淨。復念𑖀阿字二十一徧。則前來能想所想一一作行皆不可得。若不如是。則墮於有爲矣。

所謂燄口。豈易語哉。表白舉偈衆同和

眞言觀想

大施食科範之設、全藉咒印觀想爲最利益亡者、皆在此焉必須精研熟練、方可自利利他、如或未然行者獲罪彌天無所禱也、先聖傳授、後賢彷彿、亘古今而不昧徧國界以常存、如是行持以有後望焉。

次結眞空咒印

應觀心月輪上有金色唵[illegible]字此名莊嚴一切佛刹法句經云菩薩於畢竟空中熾然建立諸法故於眞空自性之中默想嚐嚨阿吽一念頓成十方世界

人天所有種種供物

安位竟念佛智隨喜眞言持花米臨曼拏置上及洒虛空想落寶米悉成種種宮殿園林池沼傘蓋幢幡衣服瓔珞如意珠寶莊嚴等具如空澍雨相續不斷供養上師三寶及顯密神等

加持寶錯眞言

遣魔使空於空性中自心月輪上想黃色得浪靜二合字中放光利益一切有情光回得浪字一念變成黃色寶生佛手結施印爲一不二竟一念復成寶錯廣施供益

默念大輪明王咒七遍

應想面前空處離身七肘高八肘現一金色光嚨[illegible]字字種變成勝妙宮殿以大千國土合爲一國土以此國土融印成宮殿一一莊

嚴及諸供具皆準華嚴經云各有阿僧祇數勝妙樂事

印現壇儀 想心間字種放光至色究竟天上請智觀世音來入道場此智觀世音放無量無邊大千世界顯密護神來至道場重重無盡

次結運心供養印 應想印上有金色唵[梵字]字即法身眞理流出人天所有妙塗花香燈明幢幡鼓樂歌舞眞珠羅網懸諸寶玲花鬘白拂微妙磬鐸矜羯尼網如意珠寶澍衣服天諸厨食上妙香美種種樓閣諸天嚴身頭冠瓔珞如是等雲行者想滿虛空以至誠心而爲供養

次結遣魔印 想掌中現赤色吽梵字字脚放光從三尖出指搖扇勢遣食器上魔

次結變空咒印 想一白色欠字[梵字]飛在食器上使其頓空極令淸淨誦咒一徧時應想壇內所供食器及食悉變成空誦咒二徧時由空性中應想三箇金色嚩噬[梵字]字變成食器誦咒三徧時應想食器中有三箇白色唵字[梵字]變成勝妙飲食咒畢想前飲食一變無量徧滿虛空

次結奉食印 而捧上來七寶鉢盂貢獻甘露每念眞言一徧各彈指一持一次一分奉菩薩聖僧後一分奉顯密護神以表一彈指頃一持一次分奉佛幷法食而徧供悟無量佛耳

次結觀自在印一手外相叉二頭指相柱如蓮花葉二大指並竪誦眞言時加持頂喉心臍四處一一堅固則堪破鐵圍之堅固獄矣

次結破地獄印准智炬陀羅尼經應想自身增長紅色觀音舌心印三處皆有紅色𤙖唵哩字放光如日照觸地獄悉皆破壞一切有情咸識本心來赴法會

次結召請餓鬼印想左掌白色𤙖唵哩字放光鈎引六道餓鬼尋光來至道場胡跪合掌承聽慰諭各生慶幸進求解脫

次結召罪印三誦三鈎於二中指尖上想白色唵哩字𤙖放光鈎攝一切有情身中三惡趣業黑色如雲霧衆罪召入掌

次結摧罪印於左願度上想一怛囉𑖏字於右忍度上想一吒𑖯字並金色念咒時中皆摩搖想所召之罪作搖蕩相末徧拍手作聲想彼罪山猶如瓦塔崩倒

次結定業印准金剛頂蓮花部自身觀自在菩薩心月輪上靑色𤙖唵哩字種出靑色光照諸罪輩即千佛不通仍悔三界難逃定業然自性本無作相心佛衆生三無差別決定之業無從着落矣此是斷所知障故決定破也

次結懺悔滅罪印

准滅惡趣經應想二屈指上有白色紇哩[梵字]字入彼鬼身如日爍露之狀銷鎔罪垢猶如墨汁從足流下滲入地中至金剛際以上滅定不定之理種亦即滅煩惱障也

次結妙色身如來施甘露印

自身觀自在菩薩心身輪上白色紇哩[梵字]字出光照前諸鬼神等並想忍度頭有一月輪輪中具一鑁[梵字]字明點中流出般若智甘露水以力智點取彈洒虛空如雨下澍一切餓鬼異類鬼神觸此甘露悉具色相猛火自息普得清涼身心潤澤離饑渴想斯滅身之餘殃使身得清涼也

次結開咽喉印

忍指取水彈空復於左掌中想一青色蓮花中現一白色[梵字]阿字流出性水極甚清涼以右手忍度點取隨誦豎三偏洒虛空想諸鬼衆得觸此水喉隔開通清涼潤澤無所障礙斯滅口之餘殃使口獲清涼也

南無寶勝如來

向下七佛結彼如來手印誦彼如來密言總應不離自身觀音也想諸佛子悉皆禮拜合掌志心聽受

次結三寶印

左羽金剛拳力度柱進度頭節在內右羽金剛縛禪度押智度頭在外豎當胸想諸鬼神皈依三寶得脫三塗

次結發菩提心印

以印印心觀心佛衆生三無差別於一念間融佛心廣大月輪極甚清凉皎潔與虛空齊等於月輪上想一金色阿𤙖字如秋毫之末悲有悲無故當爾之時不得加於了知上無佛可成下無生可度中無行可修煩惱菩提生死涅槃了不可得此爲大要妙宜善用心不惟爲鬼神作因行者亦就此中色解者矣

次結無量威德自在光明如來印

先應以右手怖畏彈指遣左手魔礙即念吽吽發怛三徧次變空念唵欣三徧次於一念間頓成勝妙之手於手掌中出一紅色哪字變成紅蓮花花上想一白色鍐字明點中流出無盡飲食徧滿法界念唵阿嚩哩吽七七徧或三七徧次念變食眞言每一念於明點中取飲食彈洒虛空施諸餓鬼食已悉捨苦趣具足無量功德圓滿吉祥施人具大威德

復結前印乳海眞言

右羽曲幼劵戒禪度相彈左掌仰上持乳海五指舒叉想手中前白色鍐字明點中復出甘露右手戒度點取彈洒虛空如雨澍下凡所至處即成長河酥酪也

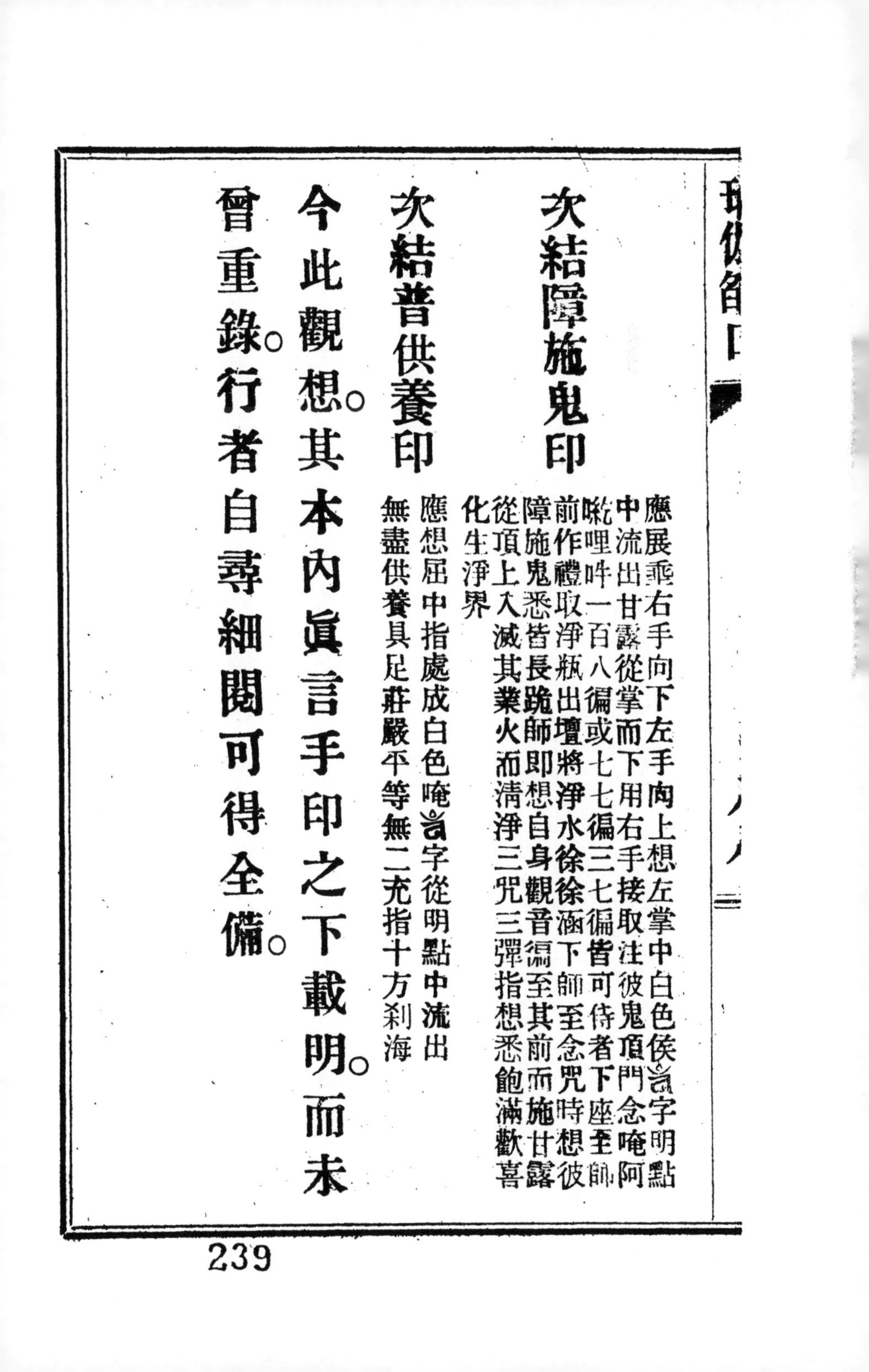

次結障施鬼印

應展乖右手向下左手向上想左掌中白色俟[illegible]字明點中流出甘露從掌而下用右手接取注彼鬼頂門念唵阿嚩哩吽一百八徧或七七徧三七徧皆可侍者下座至師前作禮取淨瓶出壇將淨水徐徐滴下師至念咒時想彼障施鬼悉皆長跪師即想自身觀音徧至其前而施甘露從頂上入滅其業火而清淨三咒三彈指想悉飽滿歡喜化生淨界

次結普供養印

應想屈中指處成白色唵[illegible]字從明點中流出無盡供養具足莊嚴平等無二充指十方剎海

今此觀想。其本內眞言手印之下載明。而未曾重錄。行者自尋細閱可得全備。

國家圖書館出版品預行編目資料

瑜伽焰口施食要集詳註／（明）蓮池大師補註；優婆塞演濟重治. -- 初版. -- 新北市：華夏出版有限公司, 2022.01

面； 公分. -- （Sunny 文庫； 211）

ISBN 978-986-0799-78-1（平裝）

1.佛教諷誦 2.佛教儀注 3.佛教法會

224.3 110020232

Sunny 文庫 211

瑜伽焰口施食要集詳註

補　註　（明）蓮池大師
重　治　優婆塞演濟
印　刷　百通科技股份有限公司
電話：02-86926066 傳真：02-86926016
出　版　華夏出版有限公司
220 新北市板橋區縣民大道 3 段 93 巷 30 弄 25 號 1 樓
電話：02-32343788 傳真：02-22234544
E-mail：pftwsdom@ms7.hinet.net
總 經 銷　貿騰發賣股份有限公司
新北市 235 中和區立德街 136 號 6 樓
電話：02-82275988 傳真：02-82275989
網址：www.namode.com
版　次　2022 年 8 月初版一刷
特　價　新台幣 350 元 (缺頁或破損的書，請寄回更換)

ISBN-13：978-986-0799-78-1